有心機不如懂「心忌」

36 Commandments of Marriage

女人婚戀36忌

廖唯真◎著

原書名：不是教女壞２—輕熟女婚戀36忌

編輯序——關於女人的心機和「心忌」

這個世界上，萬能的上帝用它那神奇的雙手創造了人類。於是乎，隨之而來的便是男女之間的交涉，交流，交戰……

妳我都知道，真正的勝利者都是那些笑到最後的人。那麼，如何才能在男女愛情的攻心戰上贏得最終的成功呢？

這就需要妳的「心機」。說起「心機」，我們的第一反應都會是陰謀詭計。我不否認，這個社會有太多太多會耍心機的人，為了向上爬，為了達到目的而不擇手段，甚至不惜傷害別人。我不懂「厚黑學」，無法討論這方面的「心機」，我要說的是愛情中的「心計、手段」。其實，大多數人都有過這樣的情懷：為了得到自己的所愛，總會「耍些小心眼」，並不覺得這是可悲、可恥，至少這也是一種努力。比如：總是製造不經意間路過、偶遇的巧合，只為了和自己暗戀的人打聲招呼；總是裝著很謙虛，向對方請教問題，只為了和他有單獨相處的機會；在對方父母面前會很乖巧、很懂禮貌，希望得到認可，讚賞和支持；甚至會故意有了「身孕」來博取婚姻，或者挽留婚姻。而在婚後，如何持家，如何維持已經平淡的感情，都需要我們耍些小小的「手段」。話說回來了，我們擁有了「心機」，就一定能經營好愛情嗎？答案當然是否定的。書店裡有太多寫女人「心機」的書，那些所謂的情感作家也儼然一副導師的面孔，好像已經勘破紅塵，來指點迷津。對於一直理不清男女複雜關係的人來說，乍一看這種題材的書真是如獲至寶，內心欣喜萬分，還以為找到了終極真理。讀完以後卻大失所望，不明白的繼續不明白，糊塗的繼續弄不清。這是因為愛情誰也說清楚，情感總會在不同的環境和時間下千變萬化、捉摸不定，即使妳的「心機」再多，也無非是紙上談兵。

由此說來，在愛情中，妳可以有「心機」但不要迷信「心機」。

有一句話叫做「萬變不離其宗」，愛情雖然存在很大的變數，但也有規律可循，那就是——「心忌」。它比「心機」更重要、更實用。在愛情中，有許多不能碰觸的「禁區」，很多女人就是因為不知禁忌或明明知道不可為而為之，才被男人淘汰出局。這就表明，在愛的學問中，女人僅僅有愛的能力是遠遠不夠的，還要學會愛的技巧和避開愛的禁區。為此，本書的作者經過深入的社會調查，總結出了婚戀生活中的36種禁忌，並加以提示點評、解惑答疑。此36「忌」非彼36「計」，「忌」「忌」切中婚戀要害，每一忌都是一個妙招，更是一次感情危機的化解。書中精選的案例，使「教學」脫離了「紙上談兵」，讓妳可以在真實的生活中汲取教訓、增長經驗。更為難得的是，這本書可以保證女性朋友在每一忌的學習中都有的放矢，並且每一招運用起來都能夠正中男人「下懷」。

毫不誇張地說，這是一本戀愛時期女人的指南寶典，也是一本婚姻圍城中女人的解惑真經。讀過之後，妳會輕鬆繞過那些不可踏入的婚戀「禁區」，找到自己的真命天子，贏得美好的姻緣。

【自序】——愛情有禁區，也要紅燈停、綠燈行

人類的愛情從亞當和夏娃被逐出伊甸園之後就開始了。有了愛情，也就有了禁忌。通俗一點說，就是愛情有了紅綠燈，不當的愛是紅燈，正當的愛就是綠燈。所謂紅燈的愛，是不合乎倫理道德、不合乎身份，是社會所不認同的；而綠燈的愛，就是合乎人倫道德，合乎社會公論，合乎情感規律的。

需要說明的是，愛情的禁忌並不是一成不變的。古代男女授受不親，女子養在深閨，一年半載都不出家門，偶爾到後花園裡捉一回蟲，看見一個白面書生，便與他私訂終身。這樣一來，就會為社會所不齒，背上「不守婦道」的罵名讓千夫所指。如今，男女平等、自由戀愛，這樣的禁忌也就不存在了。雖然現代人都不願意接受繁瑣而殘忍的禮教束縛，但是每個人對待感情方面都會有一個度或一個界限，當超過了這個度或界限的時候，那就可能進入了愛情的禁區，也就是說愛情亮起了的紅燈。

有個童話大家都很熟悉——灰姑娘的故事。雖然這個故事不符合經濟學原理，也不符合「門當戶對」的社會觀念，但還是有不少女人都希望類似的事情能夠發生在自己身上。她們也夢想著有一天找到自己的「白馬王子」，從而一步登天，依靠男人過上衣食無憂的生活。現實生活中，的確有一些「灰姑娘」實現了自己的夢想。可是，現在整天待在家裡被老公寵著的女性同胞不妨問問自己：妳肯定這樣的生活會一直持續下去嗎？妳有足夠的安全感嗎？妳是不是感覺自己說話越來越沒有分量，漸漸變為了老公的附屬品呢？

把自己的幸福押在男人的身上，這就是女人在愛情中的一大禁區。

再舉個例子：在戀愛或婚姻中，吵架是很正常的。可是很多女性朋友在一氣之下，就會時常把分手掛在嘴邊，以此要脅自己的另一半道歉或是改變。可能在第一次、第二次說分手的時候，男人會很緊張，立刻就會求饒。當妳把分手經常掛在嘴邊的時候，他可能會慢慢地愛理不理，甚至在氣頭上還會反過來罵妳神經病。妳可能會訝異，覺得妳的男人變了，不再像之前那麼在意妳了，甚至還會以為他有了別的女人。可是，請妳回頭仔細想想，妳有沒有挑戰他的情感禁區？愛情禁區說起來就是養在玻璃缸中的「魚」，妳可以看見，但不能試圖打破玻璃。當妳有意無意穿越了這塊「玻璃」，甜蜜愛情就會出現苦澀的結局。愛情和婚姻不是說說那樣容易，也不是做做那樣簡單，誰也不會故意把日子往「壞」了過。但兩個原本陌生的人要進入彼此的生活，也不是那麼容易。畢竟，人不是「標準化」的零件，一生產出來就彼此「契合」。兩個人相處，要相互包容和理解，並努力適應對方，這樣一來難免會產生摩擦。每當問題出現時，相對於男人來說，「受傷」的、「想不開」的，女人總是占了大多數。之所以會如此，很大一部分原因是她們總是誤入愛情和婚姻的禁區。因為這個禁區，使甜蜜愛情和幸福的婚姻被割開了致命的缺口。

那麼，女人就應該這樣一直受傷、想不開，眼看著幸福將自己拒之門外嗎？當然不是。只要妳有心計，懂禁忌，就一定能夠遠離愛情保衛戰，成為談情說愛的操盤手。

目錄

第1忌 **情愫暗生，但缺少告白的勇氣** 009
暗戀是心靈的一場宿醉
別把暗戀一直關在暗箱中
使點小技巧，讓他知道落花有意

第2忌 **顧影自憐，讓自己的愛溺死在自卑中** 017
再不優秀，妳也有值得愛的地方
自卑是抹殺愛情的強力黏著劑
女人因為自信而美麗

第3忌 **一味仰慕，不懂提升自我魅力指數** 023
做一朵風中獨立的玫瑰
讓自己保持一點「神祕」
多變風情，讓他應接不暇

第4忌 **因噎廢食，怕受傷害而不敢戀愛** 031
沒有誰能預知未來
相信幸福與自己有關
用發展的眼光看待愛情

第5忌 **遊戲人生，因寂寞葬送自己的幸福** 039
寂寞而生的愛情經不起考驗
女人態度端正，人生才能端正
真愛來臨時，妳會發現它總是值得等待的

第6忌 **想當然，戀愛剛開始就要求永遠** 045
戀愛不是一錘定音
越早認定他，妳就越早喪失自我
心重、情重，不如慎重

第7忌 **依附心理，把自己的幸福押在男人的身上** 053
愛慕虛榮的女人不會得到男人長久的喜歡
別做攀援在他身上的紫藤花
偶爾也平均分擔一下，或者大方一把

第8忌 **高度「近視」，有點小曖昧就當他是真命天子** 061
擦亮眼睛，其實他沒有那麼喜歡妳
陷入曖昧的女人原本就不明智
不要曖昧，要愛情

第9忌 **拜金主義，喜歡和房、車、金卡談戀愛** 069
別讓他覺得妳是想嫁給錢
錢是死的，他卻是活的
與其坐吃山空，不如找個「長期績優潛力股」

第10忌 **過於挑剔，這山望著那山高** 077
總是相信有更好的在前方
先擺好自己的位置
妳應該瞭解的「麥穗理論」

第11忌 **不懂尊重他，把過去掛在嘴邊** 083
堅決不要拿他和前男友比較
對他不滿要直接指出來
強摘的瓜永遠不甜

第12忌 **缺乏主見，一味跟著他的腳步走** 091
愛情不能靠順從來支撐
一味迎合的妳容易變得一文不名
讓他眼中有個獨立自強的妳

第13忌 **錙銖必較，把愛情當作生意** 097
愛情最忌諱斤斤計較
愛情不是生意
真正的愛情有付出就會有回報

第14忌 **巧言如簧，管不住自己的嘴巴** 103
信口開河，動不動就哄騙他
沒有一種謊言能夠滴水不漏
男人比女人更難接受欺騙

第15忌 **劈腿女王，腳踏N條船** 111
花心女註定與真愛無緣
花心女比花心男更容易讓人不齒
幸福的花兒只綻放在專一的愛情中

第16忌 **愛嚐新鮮，換男友比換衣服還勤** 117
愛嚐新鮮，最後只能嚐到苦果
跳來跳去的後果，是跳出了「幸福圈」
遇到了對的人，就不要輕易放手

第17忌 **眼光過高，看不到自己的水平線** 125
大多數婚姻是一場價值相當的「交易」
條件好的男人未必就是給妳幸福的男人
妳的婚姻不是商品

第18忌 **大女人主義，處處都要佔據高地** 131
男人通常更願意遠觀「女強人」
聰明的女人懂得示弱
巧做男人「背後」的女人

第19忌 **不知進退，撒嬌、發嗲拿捏不準** 139
該撒嬌的時候，不要總是一臉正經
把握火候，別讓撒嬌演變成「撒潑」
察言觀色，他需要安慰的時候就要收起「嬌氣」

第20忌 **如膠似漆，我的世界只有他** 147
距離可以產生美，堅持「半糖主義」
寸步不離的愛情容易讓人窒息
愛情就像下棋，妳退他就進

第21忌 **過於戀舊，沉浸在過往中無法自拔** 153
活在當下，不要為打翻的牛奶而哭泣
回憶，即是回不去的記憶
抖擻精神，開始一段新旅程

第22忌 **重色輕友，眼裡是他，還是他** 161
戀愛也需友誼來「支撐」
朋友才是和妳「天長地久」的那個人
愛情和友誼並不衝突

第23忌 **絕對透明，不懂圓滑地經營愛情** 167
人是獨立的個體，絕對透明不現實
沒有空間是一把限制自由的鎖
接受他善意的小謊言

第24忌 **張揚成性，動不動就炫耀甜蜜** 173
總是炫耀幸福，當心有一天不再甜蜜
不起眼的幸福往往能細水長流
低調行事，對兩人都有好處

第25忌 損人不利己，搶走別人的老公 181
別人的老公真有那麼好嗎？
聰明女人永遠不去動別人的老公
第三者，無法被社會接受

第26忌 碎碎唸，讓人耳根不得清淨 187
嘮叨——婚姻不能承受之重
嘮叨也是一種病
女人累，男人怕

第27忌 固執己見，不惜為愛眾叛親離 195
女人要理智，不要固執
千萬別和他玩「私奔」
婚姻大事，要多聽「老人言」

第28忌 急功近利，太早進入他的家庭 203
早和公婆見面壞處多
別讓婆家有更多時間挑妳的毛病
切忌急著介入他的家事

第29忌 礙於面子，和熱戀剛過就變樣的男人結婚 211
熱戀剛過就變樣的男人婚後只會變本加厲
面子影響一時，幸福決定一生
不能存在僥倖心理，要抓緊時間離開

第30忌 頭腦發熱，情路受挫就「閃電結婚」 219
賭氣結婚只能讓自己遭遇兩次不幸
「閃電結婚」的家庭生活品質岌岌可危
頭腦發熱的婚姻對於兩個人來說都是悲劇

第31忌 不擇手段，逼迫他娶自己 225
一哭二鬧三上吊的時代過去了
千萬別妄想用貞操換取他的戒指
情淡了就放手

第32忌 不修邊幅，婚後變黃臉婆 233
女人婚後更要美麗
打扮自己，緊緊抓住老公的心
教妳幾招，蛻變為全新的自我

第33忌 「唯他命」症候群，在愛情中一味取悅和讓步 241
不要用容顏來取悅他
一味遷就只能讓他得寸進尺
聰明女人拉著老公一起做家務

第34忌 守不住他，甘心將自己的幸福拱手相讓 247
遇到真愛的人，就要努力去爭取
守住愛情堡壘，不要拱手相讓
不要為了成全他的美好前程而離開

第35忌 嫉妒心重，無端猜疑 255
懷疑是謀殺幸福的武器
管得越緊，越容易出事
看住他要使「巧勁」

第36忌 水性楊花，經常涉足交際場所 261
交際場所頻頻現身，難免變「交際花」
太招搖的女人會讓男人也變得拈花惹草
婚後，女人的生活重心要回歸家庭

第1忌

情愫暗生
但缺少告白的勇氣

愛情是美妙的，每個人都盼望愛情的來臨，對於天生細膩、敏感的女人來說更是如此。因此，在遇到心儀的男士時，女人免不了會暗生情愫。有時候，即使喜歡一個人，女人也往往因為自身條件限制或害怕遭到拒絕等原因而不願說出，只是把愛擱置在心裡。

暗戀是美麗的，因為在朦朧的感覺中漸漸明白自己的心意。暗戀也是一種最純真的愛，埋藏於心中，簡簡單單，是一份難得的回憶。

但是，如果一個人長時間暗戀另一個人，會因此而忽略許多生活中更美好的東西，給身心帶來不必要的傷害。因為愛火一旦在暗中燃燒，便只能成為一個人的憂傷。

暗戀是心靈的一場宿醉

喜歡一個人的感覺是美妙的，那種愛情在心中滋長的妙處，就像一杯醉人的美酒，在身體裡千迴百轉、令人魂牽夢縈。然而，以理智來看，暗戀卻是一種明知不可爲而爲之卻毫無結果可言的感情，也是一種近乎自虐的愛情方式。

或許有人認爲暗戀很美，但客觀地講，恐怕是悲多於喜。就像靠美酒宿醉，卻總有清醒的時候，醒來了，那醉意也不再美，只能是襯托眼前悲涼的道具。套用一句廣告詞：妳在的時候，妳是一切；妳不在的時候，一切是妳。暗戀像情花，中了情花毒，卻找不到絕情谷；暗戀像酒，偷得一時的歡愉，卻要承受更大的痛苦。

朱朱在某家化妝品公司的技術部門工作，雖然已經24歲了，但她卻始終沒有談過戀愛。在她的心中，始終期待著一份完美無缺的戀情出現。

終於有一天，朱朱心目中完美的白馬王子出現了。辦公室新來了一個男生，和朱朱同年。這位又高又帥、文雅氣息十足的男生不愛多說話，通常只在自己的座位上安安靜靜做事。他手邊的工作完成時，也從來不加入閒聊隊伍，總是隨身帶一本書認眞地讀著。

朱朱不免對這個男生起了好感。他不像有些男生那樣愛張揚，大嗓門說話，原本自己已經很優秀了，還是在不斷自我充電。

朱朱的心很快就被吸引了過去，每天她來到辦公室的第一件事情，就是先看那個男生的座位。他已經來了，朱朱的心裡就甜滋滋地和他打聲招呼，心情愉悅地開始一天的工作；若是哪天那個男生來晚了，或者有事請假了，朱朱這一天都會毛毛躁躁的，心情沒來由地不好。

就這樣過了三、四個月，朱朱對這個男生的愛意與日俱增。

然而，朱朱卻怎麼也不好意思開口訴說情懷。她認爲，自己雖然在學歷上和他相當，但是從外貌和生活圈來說，自己卻差了他一大截。要知道，這個男生就連業餘愛好都充滿藝術氣息——他喜歡攝影、調酒，並且喜愛運動。

如此完美的一個男生，朱朱認爲自己可望不可及，只好深深地將這份暗戀放在心底。

又過了幾個月，在公司舉辦的尾牙聚會上，朱朱正巧和這個男生坐在相鄰的座位上。喝了點酒，朱朱慢慢放開了，竟主動找這個男生談天起來。閒談中，朱朱一眼看見了男生的手機，便藉著酒勁不客氣地拿起來研究。

突然，一通簡訊接收進來，朱朱沒反應過來就按下了「查看」，那螢幕上竟顯示著：「既然你說的那個朱朱看起來那麼冷漠，一定是對你沒有感覺。相親的這個女孩子十分不錯，一直打聽你的事情，你就給自己和對方一次機會吧。」朱朱有些愣住，不敢相信眼前看到的是眞的。過了很久，她才問那個男生，簡訊上的內容是不是屬實。男生紅著臉點了點頭。

朱朱這才如夢方醒，原來是自己太過自卑，不敢表露自己的愛意，才讓這份甜蜜的愛情晚來了半年之久。

朱朱的事例告訴我們，如果妳遇見心儀的男孩，就該適當放下女孩的矜持，想辦法讓對方明白妳的心意。而不是讓自己的愛情在暗中隨著時間悄悄流失，或許，多年之後，對方仍然不知道妳的這份愛，妳自己只能空留一段難言的傷痛。

別把暗戀一直關在暗箱中

很多女人在愛上男人之後，出於矜持和自尊，而將愛情深深地塵封在心裡，最後心房變成一個暗箱，裝著自己發霉的心事，而整個人也在猜測和抑鬱中消沉。有人說，當妳暗戀上一個人後，久而久之妳就會發現妳愛上的已經不完全是這個人，而是一種感覺。

這其中自欺的成分有多少就不必深入探討了。妳可以迷惑大眾，然而騙得了別人卻騙不了自己。

因此，暗戀雖有美好的感覺，但絕非是長遠之計，愛一個人，就要明確地讓他知道。

有一部美國電影——《他其實沒有那麼喜歡妳》，導演將幾個人的愛情故事串聯起來，向人們表達了一個看法：

在很多愛情故事中，男人其實並不是那麼在意女人。這也許與很多女人的心理不謀而合：我暗戀他沒錯，但天知道他是不是喜歡我呢？我並非天仙下凡，也不是名門淑媛，他怎麼可能選擇我呢？正是這種畏首畏尾的心理，讓很多女人失去了獲得美妙愛情的機會。

同樣在這部電影中，還有這樣一個情節：一個女孩誤以爲某個男孩喜歡她，於是向他表白，沒想到卻被男孩冷嘲熱諷了一番。可是女孩並沒有因此而覺得丟臉，她說了這樣一段話：

「我也許是太敏感太會小題大做，但那至少意味著我還在乎。你以爲用上這些所有能看透女生的規則你就贏了嗎？你也許不會再受傷，也不會再讓自己出糗尷尬，但是你也永遠不會再體會到那樣的愛。你不是贏，是孤獨。也許，我做了很多很傻的事情，可是我知道，這樣的我會比你更快找到那個對的人。」

多麼有震懾力的一段話，打動人心，同時句句有理。

與其害怕被拒絕、出糗，而將自己的愛慕封閉起來，最後落了一堆塵土，在角落裡發霉，還不如讓它撥雲見日，哪怕結局是一場空，也會像電影台詞說的那樣：「這樣的我會更快地找到那個對的人。」

如果妳不確定妳暗戀的人是否愛妳，或者妳害怕遭到拒絕而不敢表明，那麼，妳至少應該有勇氣選擇或製造一個機會，讓對方知道妳的眞實想法。

如果妳連表白的勇氣都沒有，那麼，妳的暗戀很可能是「甜蜜的憂傷」，只好獨自躲在暗處悄悄流淚。

欣怡上大學一年級時，曾暗戀高年級一個叫吳振宇的男孩。當時的她，也像其他一些女孩一樣，做過很多寫情書、織毛衣之類的「傻事」，但隨著吳振宇的畢業，這場暗戀也無疾而終了。然而，欣怡卻始終無法因此而釋懷。她的心中怎麼也忘不掉對吳振宇的感覺，直到畢業開始工作後，欣怡一直都沒有交到男朋友。

幾年後，二十九歲的她已是一家知名公司的ＯＬ。

一個偶然的機會，欣怡竟然和吳振宇再次相遇了。留學歸來的吳振宇到欣怡所在的公司擔任ＣＥＯ，正巧是她的頂頭上司。這讓欣怡既驚喜，又尷尬不已。而一個月後，吳振宇的一封郵件，卻讓她明白了，原來吳振宇還記得那個青澀的自己，並沒有對自己的「愛意」完全忘懷。

既然事已至此，欣怡乾脆將暗戀轉爲明戀，她開始主動約吳振宇出去喝咖啡或吃飯，而他也愉快地答應了。怎奈公司眾多美女紛紛對吳振宇展開「愛情攻勢」，自知不出眾的欣怡又猶豫了。正在這個節骨眼上，吳振宇卻揚言，自己家裡有一位脾氣很壞的外國女朋友，不能再輕易和其他女生出去吃飯了。欣怡信以爲眞，不由暗自神傷，笑自己太傻。

轉眼間，春節來了。吳振宇卻苦著臉請欣怡「客串」一下自己的女友，以安慰遠道來看「準兒媳」的父母。

欣怡有些疑惑，卻也不好多問。等送走了吳振宇的父母，她才知道，原來所謂的外國女朋友，只是吳振宇的托詞。而他今天的相求，同樣也是假意，目的只是爲了向欣怡解釋與表白。

欣怡既驚又喜地問：「公司美女如雲，你怎麼會喜歡我？」吳振宇點點她的鼻子：「知道我這些年最遺憾的是什麼嗎？就是當年錯過了妳！再次遇見妳的那一刻，我就決心不能讓妳再跑掉了。」

暗戀不能持續一生，終究要有一個結局。暗戀通常的結局有兩個：一是將暗戀進行到底，讓愛情溫暖自己甚至燒焦自己；二是讓暗戀「棄暗投明」，哪怕得到一個傷心的結局，當然這需要一定的勇氣和智慧。暗戀像一杯酒，至於是美酒還是苦酒，妳要品嚐一下，才會知道。

使點小技巧，讓他知道落花有意

落花有意，流水方能有情。女人如何在暗戀處柳暗花明，讓他知道自己的如花心事呢？

1.要摸清對方的想法。可以透過雙方都熟悉的親朋好友，側面瞭解一下對方是否有意中人。如果不幸對方已有心上人，而那個人又不是妳，那麼，請及早收場，將這份暗戀化爲美好的回憶留給自己。

2.主動找對方談一談。在摸清了對方的想法之後，如果覺得自己有可能爭取到意中人，那麼，請及早行動吧！畢竟愛情是兩個人的事，而機會只青睞有準備的人。

愛情小心機

暗戀這一場宿醉，醉過了才知道是一種美麗的折磨。如果女人因種種原因無法敞開心懷，那麼就只能讓美麗的愛情在自己的心房中發霉。只有早早結束暗戀，進入美麗的愛情和婚姻長跑；或者棄暗投明，開啓一段新的旅程，才是情場正道。

第2忌

顧影自憐

讓自己的愛溺死在自卑中

很多女孩子都會犯這樣的錯誤：明明非常喜歡一個人，卻總覺得對方特別優秀，自己則太過平凡。所以，對他只敢仰視，不敢靠近。其實，這是女孩自卑的表現。每個人都有自己的優點和不足，顧影自憐、妄自菲薄是沒必要的，只會讓來之不易的機會從身邊悄悄溜走。因此，女孩子要在適當的時候「自負」一些、主動一些，打破心中的枷鎖與怯懦，樹立勇氣正視現實，弄清自己與對方的差距在哪裡，然後，給自己訂一個目標，並努力實現。

要知道，青春一閃即逝，不要讓自卑矇住妳的眼睛，讓本該屬於自己的愛情旁落他人。

再不優秀，妳也有值得愛的地方

在面對一個優秀的傾慕對象時，大多數女孩子心中都會產生自卑的心理。要知道，優秀的男生通常十分受歡迎，他們彷彿永遠生活在光環和無數女孩的追捧之下，從不缺乏仰慕。相比之下，女孩子就很容易產生自卑的感覺，認爲自己遠遠比不上心中的「白馬王子」。久而久之，這種感覺就會在心中生根發芽，從而使自己變得更加缺乏自信，形象也就隨之愈加黯淡。到頭來，明明並不差的自己，在他面前卻像矮了一截，幸福自然也就與自己失之交臂。

女孩子應該明白這樣一個道理：在自卑的土壤裡，任何眞摯的愛情種子也不會萌芽、開花、結果。即便是想要挽留一絲友誼，也要等到過了那段青春歲月。因此，愛情不會光臨在自卑的女孩們口。有這樣一個愛情小故事，也許能給陷在自卑中的女孩一些啓發：

彤的個性比較內向。上高中時，她轉學到家鄉之外的一所學校。在遠離父母的日子裡，她覺得自己很孤獨，不但與同學格格不入，甚至還一度想要輟學。後來，身爲班長的風向班導反映了這一現象。在班導的幾次耐心勸導之下，彤放棄了棄學的想法。與此同時，風在彤心中的形象，漸漸明朗了起來。

令彤意外的是，幾天之後，她收到了一封鼓勵她好好學習的信。雖然沒有署名，但她知道，那一定是風寫的。彤深受感動，她的自信心被喚醒了。重新振作起來的她開始努力學習，成績也快速提高。

風則會在課餘時間和她一起討論各種疑難問題。他們相約考入同一所大學，待畢業後，就共同步入婚姻的殿堂。學測結束後，風考入了夢想中的大學，意外的是，彤則以幾分之差落榜。爲了實現兩人的夢想，趕上風的腳步，彤選擇了重考。在這一年沒有風的日子裡，彤好不容易建立起來的自信心又漸漸被寂寞消磨掉了。她更覺得自己在眾人面前抬不起頭，總認爲別人都在背後對她指指點點……而與風的感情方面，雖然不乏書信交流，但彤察覺到，幾分之差已使自己和風之間隔了一道無形的鴻溝，而她今生無法跨越。她開始不再回覆他的來信，後來甚至拒收。風也曾找過她幾次，但她卻避而不見。第二年的學測，彤的成績比第一年更差，只好就讀一所極爲普通的專科學校。之後，她和風便再也沒有聯繫。

多年之後，風已是一家知名企業的老總，而彤也有了自己的家庭，她的先生是一個忠厚的工人。而當彤在老同學的聚會上，無意中聽到風一直等她，直到兩人約定的結婚之日。這讓彤悔恨萬分，每當回憶起這段感情，她都會對別人說：「如果我當年……」可是，生活是沒有「如果」的。這段愛成了彤心中永遠的痛。

愛情就是有這樣一種神奇的魔力，能將兩個看似或許不是同一個世界的人，無限地拉近距離，甚至一生一世。但是，愛情最忌諱的就是自卑。如果一味將自己掩藏在自我否定的陰影中，永遠也無法得到幸福的垂青。

自卑是抹殺愛情的強力黏著劑

相信大家對強力黏著劑都不陌生。它能將某種物體牢牢地黏在另一種物體上，使彼此不相分離。其實，很多時候我們都忽略了，自卑感是比強力黏著劑更煩人的一種物質，它能將妳所有的好運、幸福、機會都黏走，尤其是魅力指數十分關鍵的愛情中，自卑更是無敵的「魅力殺手」。其實，自卑感在每個人身上都或多或少地存在，比如看到別人比自己長得漂亮，或別人家境比自己好、收入比自己多、學歷比自己高……自卑的人都有可能會因此對自己失去信心。這種人在個性上表現爲多愁善感，謹小愼微，經常產生疑忌心理，在日常行爲上表現爲畏縮、瞻前顧後等。不難發現，存在自卑心理的女孩，是難以散發迷人光彩的。那麼，愛情之門也難以爲之開啓。

從心理學的角度上看，自卑心理主要來源於消極的自我暗示，因此，有自卑傾向的人應該多進行自我反省，有意識地增強自己的自信心。消除自卑心理，是獲得美好愛情最關鍵的步驟。年輕的女孩子不要被自卑嚇倒，要超越自卑，昇華爲一種良好品格：謙虛謹愼，不驕不躁，並逐漸轉化成進取的動力。只有這樣，妳才會生活得開心，妳的人生才會充滿希望。

從某種角度說，自卑就像愛情中無形的「第三者」，會將妳的感情生活弄得一團糟。身爲女孩的妳，要想盡一切方法克服自卑，甩掉這個抹殺幸福的「強力黏著劑」。

那麼，克服自卑需要注意些什麼呢？

1.要努力消除引起自卑的根源，正確對待失敗，不斷提高自己的能力，懂得揚長避短，逐漸提高自信的水準。

2.正確看待他人對自己的評價。以別人的評價與態度做爲自我評價的主要標準，用別人的評價與態度來調節自己的行爲，從而達到提高自信的目的。要獲得他人的好評，可以嘗試著這麼做：注意自身的儀態之美；敢於在他人面前展現自己；走出自我的小圈子，廣交朋友。

也許在剛開始的階段，很多女孩會覺得很難適應，但如果能夠堅持下去，妳就會成爲一個充滿自信的人。自信的女孩自會有一種光彩，而它就是吸引對方的條件。不信的話，多留意一下自己身邊的情侶，妳就會發現，被男孩子寵愛的女孩，並非都是美女，但卻一定都是充滿自信的女孩。

由此可見，聰明的女孩都應該明白，不要再妄想什麼白馬王子了，要把寶押在自己身上。自己越有魅力，得到的男人就越棒。妳可以引他上鉤、抓住他、擁有他……他永遠也不會企圖脫逃。因爲妳會讓他知道，妳身上有著無限的吸引力，有著他永遠挖掘不完的寶貴之處。

女人因為自信而美麗

很多女人認爲，只有年輕才是自己的本錢，一旦歲月老去，自己就失去了最大的資本。但實際上，聰明的女人會發現，自信才是女人一輩子最大的資本。這是因爲，自信不分年齡，也不論美醜，更不看貧富。無論在職場、情場，自信的女人都是一道獨特的風情。因此，女人就要從現在開始，挖掘出自己的自信，不再讓它塵封在心靈中，而是綻放在自己美麗的身體和靈魂之上。

《天方夜譚》裡的山魯佐德就是一個很好的例子。她的表現告訴了所有自卑女孩一個道理：自信不僅救了自己一命，還贏得了一個終身伴侶。故事中的國王山魯亞爾生性殘暴，每晚都要娶一位少女爲王后，但在第二天就會將她送上斷頭台。宰相的女兒山魯佐德爲了拯救其他女子，自願嫁給國王。爲何她有這麼大的把握？除了她善良的秉性，還有她堅定的自信心。山魯佐德決心以完全不同的方式引導國王。博學的她準備了很多扣人心弦的故事，在第一夜就使國王著了迷，從而牢牢地吸引了國王的注意力。而且，每到精彩之處，她就假裝疲憊不堪，建議國王隔夜再敘。就這樣，國王在不知不覺中，和她在這樣的「約定」下共同生活了三年之久。後來國王還發覺，他少不了這些吊人胃口的娛樂，更少不了這位謎一樣的女人。套用一句俗話，他們後來確實過著所謂的「幸福快樂的日子」，但是，請別忘了，這位聰明絕頂的女子可是花了三年的工夫，在不斷地積極經營。

由此可見，女人可以沒有婀娜的身材、漂亮的臉蛋，但一定不能沒有自信。如果連自己對自己都不滿意的話，又怎麼能讓別人接受妳呢？只有擁有了自信，妳才會擁有人生的價值，也擁有了整個世界。

愛情小心機

在現實生活中，很多人羞於開口向自己的心上人表達愛情，尤其是女性，那份矜持，往往使她們錯過了一生中最美麗的緣分，留下滿心的不捨和永遠的遺憾……向心上人表達愛情，這是一種最甜蜜、最傷神、最微妙的情感活動，時機成熟時，要勇敢、果斷地道出妳的愛意，讓妳愛的人知道妳的愛。這樣，妳才能敲開美麗而甜蜜的愛情之門。

第3忌

一味仰慕
不懂提升自我魅力指數

也許是天性使然，絕大多數女人都會犯這樣一個毛病：一旦愛上一個人，就會深深陷入對他的仰慕之中，只顧「花癡」，或者乾脆直接將對方當作了自己生活的重心，雖然沒有木已成舟，也對他言聽計從、關懷備至，甚至樂於赴湯蹈火。從心理學角度來說，這就犯了一個大忌：越容易得到的，就越不懂得珍惜。男人的立場往往因此而變得高高在上，或者乾脆就將自己擺放在高位上。那麼女人在他心中，自然就沒有了地位。

聰明女人，就要懂一些「欲擒故縱」的道理和技巧，即使內心波濤洶湧，表面也要波瀾不驚。男人鎮定，女人就要更鎮定；男人耍帥，女人就要用更大的自我魅力來將對方征服。

做一朵風中獨立的玫瑰

傻女人常常以相貌來給女人分類，分為漂亮和不漂亮兩種。漂亮女人，就有好歸宿、有好生活；不漂亮的女人，則註定要當一輩子洗衣做飯的黃臉婆。有這樣想法的女人，往往將精力花在打扮自己、攏絡男人眼光的心思上。而聰明的女人，則有自己獨特的分類標準和「本事」，即將女人分為獨立和不獨立兩種。

再漂亮的女人，如果不獨立，永遠都會是男人的附屬品，年輕時是男人的花瓶，中年時是男人的拖油瓶，老了則成為家裡的藥瓶；而獨立、有自我主張的女人，即使不夠漂亮，卻總能給擺脫不開孩子氣的男人一些致命的吸引力，她們不光是男人的伴侶，更會是男人背後有力的支柱，精神上的維他命。

有的女人太過單純，崇尚愛情至上，堅信有付出就有回報。但實際上，不管妳愛得多深，妳面對的男人多好，也一定要懂得一些戀愛心理學，學會保持獨立、保持一定的距離感，讓男人永遠都會對自己保持幻想。

甚至，女人可以適當顯示一些自私，一些無所謂。這種欲擒故縱，遠遠要比全盤托出好很多倍。

捷克作曲家安東寧　德弗札克根據劇作家亞羅斯拉夫　科瓦皮爾的一個腳本，創作出一個名叫《水仙女》的歌劇。在這部抒情童話歌劇中，講述了這樣一個仙女的戀愛故事：

在大森林的一個湖中，住著一位水仙女。這位漂亮的水仙女，在一個偶然的相遇中，愛上了一位英俊的王子。爲了變成人類，到人間和王子相會，水仙女不顧一切去求助有魔法、但爲人狠毒的女妖。女妖聽完水仙女的敍述後，表示可以幫她達成願望，但必須要她變成啞巴做爲交換條件。同時，女妖還說，一旦她失去王子的愛，就必須永遠半人半妖地生活在湖邊，並且王子也將失去自己的生命。

如此駭人的條件，竟然沒有擋住水仙女的愛。終於，在歷盡千辛萬苦之後，水仙女如願來到人間，與王子相愛了。並且，王子很快就向水仙女求婚。水仙女當然歡欣雀躍地答應了，她以爲，自己的厄運不會到來，迎接自己的會是無比美好的生活。

然而，就在水仙女和王子舉行婚禮的當天，王子卻愛上了一位公主。這位來自鄰國的公主非常漂亮，並且全身上下散發著迷人的魅力，王子徹底地被她吸引住了。水仙女痛苦萬分，只好遵守諾言，半人半妖回到湖水深處。

出乎水仙女意料的是，不久王子便後悔了，他十分想念水仙女，來到湖邊呼喚她，並請求她原諒。然而，這一切都太晚了，不但水仙女不能夠重回人間，且另外一個殘酷的諾言也將兌現。雖然王子懺悔著親吻了水仙女，但他最後還是死在了湖水邊。

最終，水仙女抱著王子冰冷的屍體，傷心欲絕地沉入了湖底。

歌劇中的水仙女爲了愛情，不顧一切地將自己和王子的命運當作賭注，最終弄得兩敗俱傷，玉石俱焚。雖然情節離奇，但放眼現實生活中，這樣的例子其實也不在少數。很多女人爲了某個讓自己無法自拔的男人，不惜放棄自己生命中的一切，工作、家庭，甚至性命。而類似事件的最終結果，卻往往沒有能讓故事中的女人滿意。這是因爲，在放棄其他一切的同時，女人也失去了自己的魅力。

當一個女人將自己全盤托出時，對於男人來說就失去了「殺傷力」，使男人無法對眼前的女人產生興趣，自然只能避而遠之。聰明女人的做法，是永遠不露聲色，不過於展現自己的愛，不會表露出爲了男人可以付出一切的姿態。欲擒故縱，讓男人乖乖地跟在自己身後。事實表明，越是「冰冷」的女人，越是能夠激起男人的好奇心和探究慾，同時也越能在男人心中留下深刻的印象。另外，還有研究顯示，具有獨立思考能力和較強工作能力的女性，更具魅力，更能吸引男人的注意力。

因此，聰明的女人，就要做一個獨立的女人。即使是花朵，也要是風中倨傲的玫瑰，獨立盛開，不依附於任何人。

讓自己保持一點「神秘」

沒有男人不喜歡神秘的女人。如果一個女人對心愛的男人太過主動，或者不顧一切地展現自己，那麼最後的結果多半是失敗。有的女孩認爲，把自己的愛毫無保留地展現出來，能夠讓對方更加明白自己的心意，使自己和對方都盡快獲得幸福。事實恰恰相反，很多時候，男人對一個女人保持興趣或者越來越有興趣，多半是出於對這個女人有著莫大的好奇心，想更加深刻地瞭解這個女人，因此不斷地幻想、捕捉她的蹤跡。愛情也就在這樣的拉鋸戰中越來越強烈。而若男人剛對某個女人產生興趣，這個女人就迫不及待地將自己完全展露無遺，毫無疑問，男人的「胃口」就會因滿足而失去繼續瞭解的慾望。

電影《不能說的祕密》就是一個「神祕」當作紅娘的絕好愛情例子：

主角湘倫轉到新學校的第一天，就在與同學參觀學校的時候被一段神祕的鋼琴聲所吸引。當他順著琴聲尋找、看到一位清新脫俗、又十分具有神祕感的女生——小雨時，一份曖昧就此在心中萌生。

小雨跟別的女生的確大不相同，她似乎不夠乖巧——總遲到。但就是這樣一份神祕，使得湘倫對她越好奇。

而當經常曠課的小雨，卻數次不經意間出現在自己面前時，湘倫徹底被她俘虜了。在湘倫問起那天聽到的神祕樂曲時，小雨一貫的回答——「這是一個不能說的祕密」，牢牢地抓住了湘倫的好奇心。當湘倫就這樣在小雨的神祕中漸漸深愛上她時，卻發現小雨失蹤了。

一段奇緣就此被挖掘、展開。

毫無疑問，湘倫無法拒絕眼前這樣一份充滿吸引力的愛。

雖然這只是一部電影，這種神祕的情節設計在很大程度上是爲了吸引觀眾，但我們單純以愛情故事的角度來看時，卻可以從中得出這樣一個結論：

神祕感是愛情發生的催化劑，也是鞏固愛情的良藥。試想，如果這個故事中缺少了「神祕」，絕對不會有如此浪漫和淒美的氣氛，甚至根本不可能讓兩人摩擦出愛情的火花。

電影以湘倫義無反顧的示愛結尾，在打動人們的同時，也正說明了這樣一個道理：越是神祕的女人，越是對男人有著致命的吸引力。當然，電影藝術化的處理，多多少少有些脫離現實。

在眞正的生活中，如果處處製造這樣的氛圍，多半會讓男人覺得「矯情」，從而望而卻步。生活中的妳，只要懂得有所保留，不要讓他一眼望穿妳，那麼妳就相當於留給了他很多想像的空間，同時也讓自己能夠不斷地保持一份新鮮感和吸引力。

相反，如果妳不懂得保留自己，看到一個心儀的男人就全盤托出，或者讓他跟自己交談幾分鐘，就好像看到了自己日復一日無趣的生活，那麼可想而知，沒有男人會對這樣的女人產生興趣。即使妳的外貌再吸引人，也只能是一杯無味的白開水，讓男人避而遠之。

多變風情，讓他應接不暇

女人最吸引男人的地方就是那一番風情，或者溫柔可人，或者成熟魅惑，或者可愛俏皮。但無論妳是哪種女人，千萬不要一成不變，否則早晚有一天會讓男人產生審美疲勞，也許還沒有步入婚姻的殿堂，男人就想「換換新鮮」了。做爲女人，要懂得展現自己不同的一面。時而任性撒嬌、時而善解人意的女人，絕對要比一貫「秀外慧中」的女人更能抓住男人的心。

雖然妳不用做「女版變形金剛」，但下面的幾條事宜妳一定要牢記：

1.石榴裙、哈倫褲，每一個都讓他拜倒。

審美疲勞最易於產生於視覺。做爲女人，一定要充分利用自己的先天條件，將自己漂漂亮亮地裝扮起來。要注意的是，妳的衣櫃中絕對不能只有同一風格的衣服，更不能放眼望去全是一個顏色。風格、顏色的多變，讓妳看起來更加有生活情趣；若再能搭配得漂亮，那麼就能既顯示品味、又讓他爲自己傾倒，可謂一舉兩得。

2.將自己不同的一面依次逐漸展現給他。

生活中的妳可以是俏皮的，遇事時又是善解人意的，而到了工作中，妳又搖身變成嚴謹、認眞、聰慧的。這樣的女人，大概沒有男人可以抗拒其魅力。

3.介紹不同類型的朋友給他認識。

妳結交的朋友中，總有幾個溫柔可人的乖乖女、一幫帥氣十足的男人婆、數位優雅知性的職場麗人，每次都給他以新鮮的感覺，妳的魅力也就在這過程中慢慢滲進了他的心裡。

愛情小心機

想讓他對自己好奇不斷、追尋不斷，那就要耍點小聰明，不光只讓他「看」到不同的自己，還要適時製造懸疑感。而當他問起時，妳大可只管假裝漫不經心，笑笑就好。男人的佔有慾是很強的，越是撲朔迷離，他就越是慾望狂升。但切記這一招要慎用，假如他誤會妳與其他男人有火花，再用這招就有讓他「絕情」的危險了。

第4忌

因噎廢食

怕受傷害而不敢戀愛

在愛情中，女人往往佔據了被動的地位，這不僅是指女人多半不會主動出擊，還說明女人一旦陷入愛情之中，往往就會無法自拔。而當一段感情面臨崩潰時，女人則往往也隨之崩潰。於是，很多女人出於這種考慮，不敢將自己的愛情輕易表露出來。這便是「因噎廢食」的錯誤愛情觀。

沒有誰能預知未來

莎士比亞說：「女人啊，妳的名字是弱者！」這段精闢的詮釋，不但一語道破了女人的劣勢，更讓很多女人以此爲據，爲自己的軟弱、順從和屈服找到了足夠的藉口和安慰。

於是，在愛情道路上，女人往往將自己心安理得地擺放在弱者的位置上，怕受傷害不敢去愛。殊不知，莎士比亞這句話還可以這樣解讀：女人之所以被打上弱者的烙印，就是因爲她們太過癡情，一旦愛了，就很難回頭。

女人認爲，自己一旦失去了愛情，所面臨的就只能是廉價的同情、無情的淘汰和粗暴的踐踏。

於是，女人漸漸地將自己的人生角色定位成「女巫」，似乎可以成功地預見自己的感情之路，並且確信它會在某個時段崩塌。於是，女人更加不敢去愛。

女人往往把愛藏得很深，深沉得堪比大海，在她們看來，「癡情女子負心漢」總是一個沒有終點、永遠重複的故事，不同的只是主角的改變而已。

其實，人生在世是無法預知未來的，愛情更是如此。在愛情中，誰都不應該過分地「認眞」，更不能認爲自己「看透了」、「看到了未來」。要知道，人生下一個路口是什麼，永遠沒有人能準確把握。

在一個影視劇中，一個帥氣、多金的男明星，透過一個偶然事件，認識了一位普通的女子。

這個女子離婚、有一個女兒，生活過得十分辛苦。在無意間，她得知了男明星有了私生子的祕密。爲了生計，她拿這個祕密「威脅」男明星，請求他不要辭去自己的工作。事業正如日中天的男明星，擔心這個消息一旦洩露，自己的人氣會一路下降，無奈只好答應了女子的要求。

然而，在兩人朝夕相處的過程中，男明星漸漸體會到了女子的善良、溫柔，以及給自己帶來的無微不至的體貼和關懷。雖然女子的外貌平平，身世一般，但卻一度深深吸引了男明星的心。

正當男明星陶醉在這種溫情中時，自己有私生子的祕密被一個記者揭穿了。

男明星一下子成了眾矢之的，事業遭遇了前所未有的困境。而受到牽連的女子，卻始終不離不棄，站在男明星身邊，接受著本不屬於自己的謾罵、嘲諷，還邊給男明星安慰。因爲在女子心中，也早已對男明星暗生情愫。

風波平息之後，男明星將心思全部放在了女子身上，他對她表白、給她創造不斷的驚喜。面對這一切，女子卻沒有心動，她表面依然裝作波瀾不驚，始終認爲花心的男明星只是想從她這裡找些新鮮感，一旦得到了，很快就會放棄。

因爲在男明星的周圍，永遠都圍繞著數不清的美女、名媛。

男明星爲此鬱鬱不樂，他多次向女子表示出自己的眞心，卻被拒絕和誤解。

終於，女子的前夫站出來，爲女子打開了心結，女子試著接受了這段感情。而在影片的結尾，則是兩人美滿的結局，男明星矢志不渝，給女子自己的眞愛。

有人說電影電視劇大多浪漫化，無法眞實地反映現實生活。這種明星與平民的結合，我們暫且認爲它多少有些誇張，但矢志不渝的愛情，在現實生活中卻永遠不缺乏。

男人對於女人的愛，有時往往要超乎女人的想像。很多時候，男人並非都是花心、見異思遷的，他們的愛情，可以比女人來得更加深沉，一旦在某個地方生根發芽，就會一直成長爲茂盛的大樹，一生一世都不改變。

這種例子並不少見，很多病床邊的丈夫，不是也對患病在床的妻子呵護有加嗎?更何況，大多數人的生活不會遭遇這樣的重大變故，而是會長長久久、平平靜靜地走下去。金婚、鑽石婚，這樣的愛情也在生活中處處可見。

所以說，女人千萬不要因爲怕受傷害，而讓自己裹足不前。完全可以換個角度思考，就算感情中會有些傷害，也遠不及愛情裡的關懷、甜蜜多；即使受到了些許傷害，也完全可以當作自己生活的一段經歷，感受過傷害，才能更眞切地體會幸福。

因此，女人一定要大膽去愛，相信自己有獲得幸福的權利和可能。

相信幸福與自己有關

有些女人由於從小經歷了一些不美好的事情，如家庭變故、父母離異等，從而產生了一種「自卑」感，即使到了二十幾歲的美妙年齡，也不敢相信自己可以追求美好的生活和美麗的愛情。於是將自己裹在厚厚的保護殼中，不敢去愛。

其實，即使曾經不幸，女人也要讓自己保持一份自信，堅信別人可以得到的，自己也能夠得到。這樣才不至於在愛情的道路上迷失自己、錯失幸福。

張美美原本生長在一個美滿的家庭中，但在她九歲那年，父母開始不斷地吵架，最終選擇了離婚。張美美在法律上判給了父親，但父母離婚後，她一直跟隨奶奶生活。

奶奶去世後，她便生活在親戚家中。從小寄人籬下的張美美，個性十分內向、怯懦。她似乎從小就明白，有些東西只能是別人的，自己無權得到。就這樣，張美美的自卑感漸漸籠罩了自己的世界。

她上大學的時候，很多同學都有了自己的甜蜜愛情，但面對男生的追求，張美美始終不敢相信自己能夠擁有那份幸福，於是她面若冰霜，對於前來「敲門」的男生，永遠都不予理睬。

轉眼大學畢業了，成績不錯的張美美，透過自己的努力找到一家知名企業的工作，並將工作做得有條不紊。

然而，事業上的成功，並沒有爲張美美在愛情上建立自信，她依然拒絕讓自己與愛情產生交集。

張美美的好友看在眼裡急在心裡，不斷給張美美打氣，讓她嘗試打開自己的心門，還不斷地給她介紹不錯的男生。終於，張美美在見了幾次面後，對其中一個溫文爾雅的男生產生了好感。在好友不斷的撮合下，以及男生的不斷示好之下，兩人開始交往。

兩人的關係並沒有像張美美想像得那樣如履薄冰、一觸即亡，而是在不斷的驚喜、溫暖之中越來越鞏固。後來，張美美問男生，他喜歡自己什麼地方。男生回答，張美美的懂事和成熟，讓她對自己有著致命的吸引力。

張美美這才明白，原來困境的生活，帶給自己的絕不僅僅是自卑，更是磨練了自己的個性，讓自己變得受到更多人歡迎。

如果在生活中留心，我們不難發現，很多小時候不幸福的人，在婚姻生活中往往很美滿；而曾經的「小皇帝」、「小公主」，卻在戀愛與婚姻中一波三折。

仔細思考不難明白，經歷不幸的人，往往有著更成熟的思想，也更懂得珍惜得之不易的幸福；而過慣了嬌寵生活的人，自然多少有些任性與自私，不懂得在相處的過程中讓步，更不懂得珍惜手中的幸福。

因此，即使是曾經經歷不幸，女人也一定要堅信自己能夠贏得美好的愛情，並要努力爭取屬於自己的幸福。

用發展的眼光看待愛情

女人在愛情中受傷害，大多數是由於自己陷得太深，太認定一個人，在愛情裡拿不起、放不下。如果一個女人能夠用發展的眼光看待愛情，那麼就大大減少自己在愛情中的受傷程度，從而讓自己不再對愛情產生恐懼。

以發展的眼光看待愛情，首先就要求女性不要在愛情中犯傻，將對方視爲自己的一切，甚至爲愛情放棄自己的事業、愛好和友情。一旦失去這些東西，女人往往也就失去了大半的魅力，不但容易失去愛情，還會在失去愛情的同時讓自己失去一切。

從某種角度說，女人最大的魅力不是溫柔，而是灑脫。是處於愛情中還能保持工作熱情的灑脫，是愛情離開時能夠瀟灑走開的灑脫。因此，以發展的眼光看待愛情，女性要在愛情消失時，能夠不動聲色地轉身離開，而不是一哭二鬧三上吊。

一味掙扎，只能帶給彼此傷害，並且給自己留下「後遺症」，對以後的幸福帶來極大的負面影響。

所以，女人要給自己的心靈留一塊空地，隨時準備開啓新的旅程。不要讓自己在一棵樹下徘徊，也不要爲打翻的牛奶而哭泣。

只有這樣，女人才能夠在愛情裡保持永恆的生命力，即使有過不幸福的經歷，也永遠不會失去追求幸福的信心。

愛情小心機

聰明的女人永遠不會讓自己處於「因噎廢食」的尷尬境地，當然也不會讓自己在每次感情中都赴湯蹈火。最明智的做法是，當愛情悄悄來臨時，讓自己放手去愛，但永遠都給自己留一分底線，即便愛情消失了，自己也不會崩潰。這樣，就能把愛情對自己的傷害降到最低。

第5忌

遊戲人生

因寂寞葬送自己的幸福

人生在世，誰都難免有寂寞的時候。為了擺脫寂寞，有些人便想到了戀愛的辦法。其實，這是對自己和他人的感情不尊重的表現。因為這樣的戀愛動機本就不純，所以鮮見圓滿的結果。如此不堪一擊的愛，也只會給我們自己帶來無端的傷害。在少男少女中，這種瞬間就戀愛，又閃電式分手的「愛情」並不少見。他們戀愛的次數很多，但是真心投入的卻很少。這種把感情當作遊戲的人，心裡只會更加寂寞。而對於處於弱勢的女性群體來說，更是會把自己置於被傷害和寂寞的境地。

寂寞而生的愛情經不起考驗

寂寞催生的愛情，遠不如兩情相悅的愛情堅韌。往往在一些考驗來臨時，這樣的愛情會一擊即碎。即便沒有外界的干擾，雙方如果沒有了吸引力，彼此就會心生厭倦，有了新的追求。其實，現在的一切都只是在打發無聊的時間。所謂戀愛也只是一隻寂寞的手牽著另一隻寂寞的手而已。因此，寂寞而生的戀愛最好不要去碰。

她和他是大學同學，兩人的結合基本可以說是因寂寞而生。她單身已久，他也從未談過戀愛。在一次學校舉辦的旅遊活動中，正在讀大學二年級的她一眼看到了人群中高大帥氣的他。在和他目光相遇的幾秒鐘裡，她覺得自己一下子愛上了這個大男孩。很快，她知道了他是大學四年級某科系的學生。回到學校，她顧不得女孩子的羞澀，開始瘋狂地追求他。而似乎是應了那句「男追女隔座山，女追男隔層紗」的說法，他很快成了她的「俘虜」。在家中嬌生慣養的她，在他面前卻儼然成了全能女人：洗衣、買飯、家事，所有的一切，她全包了。假期裡，她隨他去了他的老家——一個偏僻的鄉村。雖然他家的貧困讓她心驚，但她卻不在意。她覺得自己喜歡的是這個人，而且他們早已海誓山盟，永不分開。在這種信念下，兩人的戀愛之路還算順利。

誰知，父母這一關將他們困住了。她的父母得知女兒和他交往，極力反對，但她不爲所動。他們本想斷絕她的經濟來源，但最後還是捨不得，只是適量減少了她的日常經濟供應。很快，他們就從學校搬出來租房另外住在一起。一年當中，她因不懂避孕方法而被迫做了三次流產。

在這段困難的時期裡，她也想過分手，但考慮到分手後，自己還是要一人面對寂寞的生活，於是分手的想法就被淡忘了。畢業後，他順利地找到了一份不錯的工作，而她雖然還沒有畢業，但也幸福地憧憬著他們的美好未來。她想他們之前所計畫的，先在當地買房子，然後再把公婆接來同住的日子就快到了。然而，每月的房租、生活費用使他的收入所剩無幾，他們的生活中出現了不和諧的音符。而隨著他出差機會的增多，他對她的態度越來越冷淡。女人的直覺告訴她，他在外面有了別的女人，只是不好意思開口說分手而已，他想對她「冷處理」，讓她自己離開。那一刻，她覺得彷彿天塌地陷一般，曾經以爲最美的愛情，就像夢幻般從她的生命中逝去了。

她不相信這一切，不是說過永不分手的嗎？她哭鬧、哀求，甚至企圖自殺，然而，這一切的「手段」用盡，卻沒有留住他的心。相反，他回來的次數越來越少，後來甚至不再負擔她的房租。而他在外面的那個女人，也不時打電話過來羞辱她。她徹底絕望了，覺得自己一心堅守的愛情，就這樣葬送在了他的手裡。但他的說法卻是，她從來沒有眞心愛過自己，她對他的愛，只是建立在排遣寂寞基礎上的沒有理解的愛。

爲了排遣一時的寂寞而去談戀愛，往往會給以後的生活造成不可估量的損失。這種行爲猶如一個美麗的肥皂泡泡，遇到任何稍具硬度的東西，就會破碎。因此，寂寞並不可怕，可怕的是因寂寞而失去理智的行爲。有這樣一句名言：任何藉故墮落的人都是不可原諒的，越是沒人愛，越是要愛自己。這句話值得所有女人銘記，不管生活如何對待自己，自己都要以正確的態度對待生活，方能耐住寂寞、挺過難關，迎接新的自我。

女人態度端正，人生才能端正

女人要有端正的態度，才能有端正的人生。藉寂寞而戀愛，是一種得過且過的生活作風，是一種敷衍了事的舉動。女人如果是因爲寂寞想找個人來陪自己而去戀愛，那麼，她這是對感情不負責。而如果不幸又遇到同樣的男人，其後果可想而知。如果覺得自己很寂寞，那麼妳可以嘗試著去做一些有意義的事，讓自己充實起來。試想，如果將時間和精力放在提升自己和努力工作上，那麼妳的收穫將是非常豐厚的，這遠遠要比因無聊而去戀愛有意義得多。

呂女士是某公司的行政助理，工作壓力雖大，但收入也很可觀。然而，和眾多同行的人一樣，寂寞空虛時常困擾著她。呂女士也嘗試先找個人「練愛」，但她目睹了幾位姐妹閃電式的戀愛結婚又閃電式的離婚經歷之後，便強烈地意識到，寂寞不能成爲「閃電戀愛」、「閃電結婚」的理由。爲了不讓自己淪陷在寂寞中，更爲了阻止自己因爲寂寞而去盲目選擇戀人，幾經權衡，她做出了以下決定：

首先，利用業餘時間去做義工，多結交自己工作圈以外的人，擴大自己的視野。

其次，如果三年內還不能找到心儀的男朋友，就離開這裡，回到老家所在的城市。以自己目前的穩定收入計算，即使回老家後工作不順，自己的積蓄也完全可以解決自己和父母今後的生活。

呂女士對自己確定的生活方向十分滿意，她知道，自己有了這樣的信念，就不會在以後的日子裡因不甘寂寞而頹廢。確定了這個目標之後，呂女士很快透過自己的客户找到一家旅遊公司做義工。由於她口才好、知識面廣，受到了眾多客户的歡迎，而她也實心實意投入在這份不計報酬的工作中。她的這種工作態度引起了一位男士的注意，並很快俘獲了他的心。他開始以工作爲由將自己和呂女士「無意」安排在一起。呂女士感覺到他的示好，並且在幾經觀察之後，發覺這是一個值得自己付出眞愛的人。經過幾次共同工作經歷後，他終於越過工作關係，主動約呂女士喝茶聊天。兩人聊得十分投機，在約會結束時，就迫不及待訂好了下一次約會時間。很快，他們成了戀人。兩年之後，在雙方親友的祝福下，他們喜結連理。

對於愛情應該發生在什麼時候，很多詩人也發表了同樣的見解。徐志摩認爲戀愛是可遇不可求的，他說：「得之，我幸。不得，我命，如此而已。」這句話說得何等灑脫，但唯有眞正豁達的人才可以說到做到。愛情是眞善美的象徵，對於女性而言，只有遇到了眞正的情感上的依靠，妳的愛才能健康長久。因此，若想愛得長久、愛得美好，那麼女人就要懂得等待、醞釀，讓愛情順其自然，發生在該發生的時刻。

眞愛來臨時，妳會發現它總是值得等待的

對於男人來說，事業的成功可以填補感情的空白，而女人則更容易感到寂寞。因此，女人往往無法承受單身的痛苦，從而草草選擇一段感情。雖然她們心中也明白，這樣的愛情不夠美好，但她們同時也在心中懷疑，眞愛到底存不存在？離我有多遠？於是，在這樣的懷疑中，女人往往禁不起時間的考驗，輕率地選擇一個自己並不怎麼喜歡的人。寂寞的人是脆弱的，看著那些戀愛中的人，自然是心生羨慕，但切不可因爲羨慕他人而「饑不擇食」。要知道，愛情不是生活的全部，只是一種緣分，需要用足夠的耐心去等待。也沒有時間的限制，但要用自己的心，慢慢地去尋找。就像是席慕容說的那樣：爲了與你相遇，我已經在佛前求了五百年。縱然我們不用像席慕容那樣，苦苦祈求「五百年」，但適當的等待總是必要的。將最美的感情珍藏在心底，等到那個對的人時，妳會發現，眞愛總是値得等待的。因此，女人在心中要保存這樣一份信仰，時刻告訴自己：眞愛是不可以兒戲的，更不是沒有結局的空幻。在遇到値得我們好好去愛的人，再去談一場轟轟烈烈的戀愛不是很好嗎？即使不知結果是否圓滿，至少，可以無悔地對自己說：我愛過！這就是等待眞愛的意義。

愛情小心機

就像生老病死一樣，寂寞是人人都會經歷的事情，而愛情是最純真的感情之一，容不得一絲虛假。同樣，愛情也是不能被褻瀆的，即便妳有再多的寂寞，也不能因寂寞而去戀愛。找一個深愛妳的人，談一場真正的戀愛。這樣，妳才能在生命的火花即將燃盡的時候，驕傲地告訴自己和身邊的所有人：我和最愛的人，度過了最美的一生。

第6忌

想當然
戀愛剛開始就要求永遠

在愛河面前，女人往往更容易沉溺其中。很多女性不知是見獵心喜，還是不夠自信，一旦出現感覺條件還不錯的追求者，就很輕易地落入情網。而這樣做的結局往往是，兩人因「瞭解而分開」。事後才知道自己對這份感情過於輕率，開始抱怨自己當初識人不清。其實，這本是可以避免的遺憾，只要妳願意給自己和對方多一點時間。因為，在時間這位「考官」面前，妳可以很快看清，曾經令妳魂牽夢縈的那個男人對妳是真心還是假意：或者，他是否能夠當一個合格的「男朋友」，值得妳去為他墜入情網。

戀愛不是一錘定音

相比之下，在愛情中，女人是更容易迷失自我的。有時人在某一個瞬間，會特別渴望愛與被愛，於是匆忙踏上愛情的列車，大有「現在不趕快找一個，天下好男人都被搶走了」的危機感。而在陷入愛情的最初階段，往往就開始幻想自己與他相伴到老的畫面。於是，迫不及待地融入他的生活，掌控他的一切。正是這種幻想狂和佔有慾強的特質，使得女人很容易在剛開始一段戀愛時，就認定對方。但是，當初的激情逐漸消退以後，妳才會發現，原來生命中多出來的那個人，可不比妳在時裝店一時昏了頭多買的一雙名牌高跟鞋或一件高檔服裝那麼好「處理」。也許，他根本就不是妳想要的那個人。但自己一腔熱情的付出，卻再也找不回來了。

他們的相遇有著電視劇一般的戲劇化色彩。在一次朋友的聚會上，寡言少語的女孩引起了坐在她斜對面的一個男孩的注意。他給了她一個微笑，她也回他一個微笑。隨後，他問她：「妳怎麼一直不說話呢？」女孩微微一笑，沒有回答。直到用完餐，女孩還是沒有說話，她總是微笑著坐在自己的座位上，看著狂歡的人群，並不作聲。

正是女孩的這種沉默和神祕，吸引了男孩的注意。就這樣，他們相識了，並很快成了戀人。正如所有戀愛中的女孩一樣，女孩感覺到被愛的甜蜜。

男孩每天都會給女孩發簡訊，在一起的時候，總會聊得很開心。不知不覺，男孩就佔據了女孩的整顆心，她日以繼夜地想著他，不光想兩人在一起的畫面，還會不斷幻想兩人步入結婚的殿堂，有了孩子、慢慢變老的場景。在女孩心中，自己已經認定了男孩，他幾乎已經是自己的全部。

然而，美好的日子總是短暫的，不久，女孩要到另一個城市去。

男孩在電話裡問女孩：「會不會爲了某一個人留下來？」女孩沒有說話。但幾天後，她留了下來。之後，女孩在當地找了工作，男孩怕女孩上班遲到，每天早晨都會給女孩打一通電話。

女孩每天都很開心，因爲她知道男孩在乎她、想著她，女孩幾乎習慣了每天接到男孩的電話後再起床。而女孩也在心中慶幸自己當初沒有選擇離開，覺得自己把握住了生命中的另一半，一段天長地久的愛情正發生在自己身上。

由於習慣了男孩的「鬧鐘」，女孩即便醒來得早，也會賴在床上，等男孩的電話。一個春光明媚的早晨，女孩雖然已經醒了，照例沒有起床，像往常一樣等男孩叫醒她，可是沒有等到。

女孩很失落，以後的每個早晨，女孩再也沒接到過男孩的電話，雖然他會在晚上或其他時間偶爾給她打電話。爲此，女孩很傷心。

一段難熬的日子過去了。一天，男孩和同事在酒吧唱歌，打電話叫女孩過去，女孩去了，男孩卻很少和她說話。她看到男孩對吧臺上的那個女孩很熱情，而那個女孩也對男孩很關照。

後來，女孩喝醉了，在男孩和其他人續杯的時候，她一個人回了家。那一夜，女孩失眠了，她後悔當初留在這個城市。

第二天，他們彼此沒有通電話。第三天，男孩打電話給女孩，在說了很多話之後，他告訴女孩，他有女朋友了，他對女孩說他們以後還是朋友。

女孩含淚放下了電話，她知道，一切都已經無法挽回，一段還沒眞正開始的愛情就這樣結束了。

再後來，女孩漸漸想明白了一件事情，原來男孩從來沒有給過自己天長地久的承諾，而兩人的關係也並沒有發展到非對方不可的地步。將自己困住的，其實只是自己內心的想法，是將男孩永遠佔爲己有的慾望在作怪。

能夠將初戀堅持到底、白頭到老，是一件十分唯美的事情，幾乎是每個女人的夢想。女人應該保留這種天眞，但卻不可讓它沖昏自己的腦袋。要知道，人生在世總有很多變數，極少有可能一條路走到底。女人要正確地認識到這一點，才能防止在一段認眞的戀情結束之後，自己精神崩潰。

越早認定他，妳就越早喪失自我

戀愛時，男人彷彿成爲女人的一切，男人的情緒影響著女人的情緒，男人對女人的態度則掌控著女人的心情。不管妳的愛情屬於一見鍾情也好，惺惺相惜也罷，如果妳愛上了一個不該愛的男人，留下的便是永無天日的嘆息和悔恨的眼淚。所以，奉勸姐妹們，不要把感情當成一場遊戲，因爲誰都玩不起，更輸不起。

當然，在婚姻生活中，我們必須要有一顆認定對方的心，才能夠維持感情的穩定。但如果女人在一開始就認定了對方，那麼註定是給自己設下了一個圈套，牢牢地將自己困在了裡面。

欣宜出生在一個普通的家庭，家境不佳的她，很小就知道努力學習來改變命運。欣宜的父親有些學識，知道醫生的前途很好，於是希望欣宜能夠從事醫學。欣宜十分爭氣，不久就考上了醫學院，並在畢業後找到一份護士的工作。

這可以說給欣宜的家庭帶來了一大歡喜。但欣宜的心中，卻有些悶悶不樂，因爲她喜歡上了一個無業遊民——南平。

南平和欣宜同鄉，高大帥氣、性格溫柔，唯一的不足是沒有工作。欣宜爲此很猶豫，但最終還是禁不住南平的追求，步入了愛河。

毫無疑問的是，欣宜的父母反對她和南平的戀情。理由是欣宜好不容易有了一份不錯的工作，可以改善家裡的經濟條件，而南平卻沒有穩定的職業。但欣宜覺得，只要兩人眞心相愛就足夠了，錢可以在結婚以後逐漸累積。她表面答應父母不再和南平有所往來，暗地卻仍和南平在一起。

半年後，他們的「地下戀情」還是被欣宜的父母發現了，父母找到欣宜工作的地方，當著諸多同事的面告訴她：絕對不允許她以後再與南平交往。欣宜一氣之下，做出了一個魯莽的決定，竟然辭掉工作，和南平私奔了。

南平透過一位親戚的幫助，很快找到了一份業務員的工作。而欣宜雖然有學歷又做過護士，但因沒有相關證照，工作一時難找。最終，她上了一個月的職訓班，找到一份超市收銀員的工作。兩人租了一間十坪左右的套房開始了同居生活。

欣宜認定了自己這輩子一定要嫁給南平，於是爲他放棄了很多。可是時間一長，欣宜漸漸發覺，南平對她的感情開始冷淡起來。一天，欣宜下晚班回到住處，南平早已熟睡。

她無意中看到南平的手機顯示有未讀簡訊。

女人天性的敏感讓她產生了疑心，打開簡訊，她看到了一條非常曖昧的訊息。欣宜忍不住將南平叫醒，質問他是怎麼回事。南平卻以一種沉默的方式，默認他在外面已有了新的戀情。欣宜一時無法接受這個事實。

南平告訴欣宜，發簡訊給他的那個女人是當地人，離過婚，但有一間房子。南平說：「我不想回農村，但我不知道什麼時候才能在這裡買得起房子。我這個人其實很現實，妳早

該知道的……」南平丟下這句話走了，再也沒有回來。

欣宜眼睜睜地看著自己苦苦追求的愛情就這樣冷冷地離她而去，她想到自己所有的付出，想到父母的失望，不禁潸然淚下。

網路上曾經流傳這樣一句話，是站在一個男人的角度發出的：「愛妳的時候，妳說什麼是什麼；不愛妳的時候，妳說妳是什麼？」

雖然現實生活中，這樣暴躁、心狠的男人並不常見，但這句話也多多少少反映了社會現實，愛情在時，男人會對女人無止境地退讓；而當愛情走掉時，女人在男人眼中會變得一文不名。

當他不愛妳的時候，妳的愛便是他的負擔。

請不要去計算自己的付出，更不要希望有什麼回報。

因此，女人要堅持這樣一個原則：

即使妳再愛一個人，婚前也不要輕易就認定他是自己的永遠，更不可爲了他，付出自己的全部。

心重、情重，不如慎重

女人大多是感性的，在愛情中，她們很難堅持自我。

她們重情、重自己的內心感受，但也往往因此在愛情中迷失自我。

因此，女人要清醒地瞭解，再重感情，也要慎重對待自己的愛情。

正如公司徵人都有「試用期」，時間上從一個月到三個月不等。「試用期」滿了，如果覺得合適，妳會繼續留在這裡工作，否則，妳只能走人。戀愛，也應當如此。

雖然得到一份眞摯的愛、深切的愛，是每一個人的願望，但聰明的女人，會在愛情剛建立時做出正確的選擇，不過分投入自己的感情，而是先進行一段時期的「考察」再做決定。

只有先理智後情感，才能夠讓妳在愛情道路上收穫頗豐。

愛情小心機

做人要有擔當，不能遇到難事就退縮。即使遭受挫折，也要盡快調整心態，等待即將到來的機會。就像那句話說的：「不逼自己一把，妳永遠都不會知道自己有多優秀。」

第7忌

依附心理

把自己的幸福押在男人的身上

不知從何時開始，「嫁個有錢人」成了幾乎所有女人的內心渴望。「做得好不如嫁得好，女人不需要努力，只要嫁得好，就能獲得想要的一切。」這似乎是當今很多待嫁女性的內心想法。可是事實上，這只是一個白日夢。要想得到真正的幸福的女人，都必須承受生活的壓力，透過自己的努力，才能找到一片屬於自己的天空。因為只有經濟上的獨立，才是女人享受幸福的前提。

愛慕虛榮的女人不會得到男人長久的喜歡

有個童話大家都很熟悉——灰姑娘的故事。雖然這個故事不符合經濟學原理，也不符合「門當戶對」的社會觀念，但還是不少女人都希望類似的事情能夠發生在自己身上。她們也夢想著有一天找到自己的「白馬王子」，從而一步登天，依靠男人過著衣食無憂的生活。

生活中，的確有一些「灰姑娘」實現了自己的夢想。可是，現在整天待在家裡被老公寵著的女生不妨問問自己：妳能肯定這樣的生活會一直持續下去嗎？妳有足夠的安全感嗎？妳是不是感覺自己說話越來越沒有分量，漸漸變爲了老公的附屬品呢？

夢琪生在一個普通的家庭裡。上高級中學後，父母爲了支付她日漸高昂的學費，家中的境況變得一度緊迫起來。

夢琪上學時，看到一些同學吃美食、穿名牌，還有專車接送，心中無比羨慕。雖然這種想法人人都會有，十分正常，但夢琪的想法卻有些不同。她從沒想過透過自己的努力得到這一切，而是將希望寄託在未來的「老公」身上。

上大學以後，夢琪有了釣「金龜婿」的想法。

工作以後，她也向著這個目標努力不懈。她把自己打扮得時尚靚麗，經常出入各種高檔場所，一心尋找心目中的「金龜婿」。

皇天不負苦心人，不久，她結識了年長自己5歲，事業有成的志澤。

交往一段時間後，夢琪如願嫁給了這個有錢又疼愛自己的男人。當然，夢琪也辭掉了工作，過著養尊處優的生活。

夢琪的婚姻令很多姐妹豔羨不已，而她也從不吝嗇向她們「傳授」自己的經驗：一定要看男人口袋裡有多少資本。

與其自己苦苦奮鬥多年，不如直接找一個好的「跳板」，毫不費力地過著好日子……夢琪得意洋洋的樣子，更使姐妹們羨慕嫉妒起來。

漸漸地，閒言閒語充斥了夢琪的周圍，什麼「金絲雀」、「花瓶」等等，已經算是好聽的了。夢琪雖然心有不悅，但想到工作的辛苦，還是老老實實地留在了家裡。

但是，夢琪的好日子很快過到了頭。結婚前，夢琪憑著自己的美貌吸引了志澤的心，幾乎是要什麼給什麼，志澤經常爲了她一擲千金。

但結婚後，已經是囊中物、又沒有經濟地位的夢琪，一下子彷彿氣短了一截。但夢琪不明就裡，依然將老公當作自己的提款機，每天出沒各大商場，常常肆意揮霍。

志澤起初並沒有在意，自己有能力賺錢，當然就應該讓老婆花。

但有兩次，志澤的公司遇到了資金周轉困難，夢琪依然拿著他的信用卡狂刷，一度刷爆。志澤有些不高興了，意識到夢琪愛錢更過於愛自己。

後來，公司資金恢復正常了，志澤依然沒有將信用卡解凍，並且開始不時暗示夢琪：妳該出去上班了。

嫁個有錢人，未必就是女人一輩子的保障。

在享受別人的辛勞所得的同時，女人也要做出一定的思考：自己爲什麼應該不勞而獲？更忌諱的是，愛慕虛榮無度，拿著老公的血汗錢一度揮霍。更何況生活中充滿著太多的變數：傷病、失業、死亡等突發情況，都可能在短時間內使原本平靜安逸的生活陷入困境。

因此，即使目前生活幸福的女人，也難免會在某一天單獨面對困窘。未雨綢繆在什麼時候都是必要的，即使沒有「雨」，也要當心老公對妳的寵愛被妳的無限虛榮而耗光。

別做攀援在他身上的紫藤花

很多女人都處在一種糾結的狀態中，無法正確定位自己：她們總是呼喊男女平等，但同時又期望另一半對自己的生活負起責任。

但男人也不是傻子，在這個務實的社會中，聰明的男人都知道，自己需要的不僅是生活中的好伴侶，還有事業上的好助手。

誠如某位名人所說：「白馬王子能把妳帶上馬，也能把妳扔下馬，除非妳自己有馬，可以跟他齊頭並進，或者，比他騎得更快。」由此不難看出，女人千萬不要把自己的男人看成長期飯票，更不能做攀援在他身上的紫藤花，將自己完全依附在他身上。

真正的幸福，不是靠男人，而要靠自己。

養在籠子裡的金絲雀令人羨慕，但代價是失去了尊嚴和自由。而飛翔天空的雄鷹，雖要經受大自然的風吹雨打，但可以自由自在地在夢想的藍天上遨遊。

所以，無論妳現在生活得是否安逸，女人一定不要忘記獨立，同時還要提高自己的內涵，不斷用知識和能力來武裝自己，才能把自己修練成上得廳堂、下得廚房、談吐文雅、自信端莊的「全能」女性。

這既是男人喜歡看到的，也是順應時代需求的。如果妳從心裡已經將自己看作是男人的附屬品，那麼誰也無法保證，有一天他是否會像扔掉一件物品一樣扔掉妳。

偶爾也平均分擔一下，或者大方一把

電影與電視劇中，男女約會後，總是男人紳士地掏出錢包結帳，而女人則理所當然地享受這一切。其實，在現實生活中，不少女人也認爲，「男人賺錢女人花」似乎是「天經地義」的事。男人是否願意爲妳花錢？爲妳花錢時大不大方？已經是現代女性對愛情的考量要素。但是，誰願意一直做付帳的那個人呢？

有人說，女人花男人的錢也是一種境界，也分花得好與不好。花得不好，會被人看輕了人格；花得好，不僅促進消費，還能促進家庭和睦。

這句話雖然有一定道理，但歸根究柢，還是在教女人如何花男人的錢。要知道，男人的錢絕不是大風刮來的，如果妳一味享受將它「花出去」的快感，那麼男人總有一天就看輕妳。但如果妳適時回請一下男士，至少偶爾與他平均分擔一次，並告訴他：「你的錢也是辛苦賺來的。」那麼眼前的男人一定會對妳刮目相看，並且更樂於爲妳付出自己的財產。

因此，女人在花男人爲了愛妳而辛苦賺來的錢時，也不要忘了適時地「回請」他一下，以顯示自己的風度，從而讓他更加死心塌地地愛妳。

小小剛開始工作不久。同事知道她至今仍單身後，便托人給她介紹了在某大學任教的博文。見了兩次面之後，彼此都很有好感。

之後，他們開始了每週最少一次的定期約會，約會的地點，大多是餐廳、電影院等。雖然戀人一起吃飯由男方付錢早已成爲一種情場「潛規則」，而且不少女孩也將男人是否爲自己買單做爲衡量對方是否值得交往的標準，但小小卻不這樣認爲。

小小成長在一個書香門第，家境中等，但氛圍非常好的環境。

小小受父母的言傳身教，自幼養成了節儉的習慣。她認爲，自己要找的男朋友，是有責任心、樂觀善良、有內涵的人，並不是他捨得在自己身上花錢。所以在兩人戀愛期間，總讓博文花錢，是對他勞動收入的一種浪費，也是自己無能的表現。而且，一旦兩人最終分手，自己也會落下佔人便宜的惡名，成爲日後一種不必要的心理負擔。

因此，出於對對方的尊重，雖然收入不高，小小在兩人約會時的花費上仍堅持平均分擔或各付各的，並說明了自己的想法。這讓博文心中對眼前這個女孩生起一種敬意。

偶爾，小小也會享受一次博文的請客。她這樣做，是爲了不讓博文感覺到自己過於嚴肅、分明。而這種做法也獲得理想的效果，博文對小小越加敬重、愛慕。

在感情基礎越來越穩固之後，兩人喜結良緣。

雖然他們的收入都不高，但由於小小勤儉持家，又利用業餘時間學了不少理財知識，幾年之後，他們也有了不少的存款。下一步，小小打算辭掉工作，用積存的錢開始獨立創業。

不用說，博文自然會對小小給予大力支持的。

很多敏感、洞察力強的作家也對此發表了自己的見解。

張愛玲就曾說過：「用心愛男人的錢是女人的一種幸福。」可是，男人賺錢不容易，做爲女人，至少應該知道如何用男人辛苦賺來的錢，經營好自己的家庭、經營好自己。

而隨著社會的發展，越來越多的女性開始意識到，「女人」不是「弱者」的同義詞。

約會時，女人買單也沒什麼，關鍵是自己要看得起自己。

因爲男人是否爲妳買單，並不能做爲衡量對方是否值得交往的標準。

因此，要想得到一份有品質的愛情，請學會爲所愛的人買單。要知道，沒有哪個男人喜歡愛貪小便宜、只知索取不懂付出的女人。而妳對男人的一次付出，則會讓他深深感覺到妳對他的愛，而絕不是無度的索取與享受。

愛情小心機

女人將自己的下半生押在男人身上，往往不會被讚美，相反可能會被冠上「好吃懶做」的罵名。而事實也證明，抱著這種夢想結婚的女人，最後多以離婚收場，要不然就是過著和自己當初期許落差甚大的日子。因此，女人還是要有自己的工作和空間，有自己的獨立收入，和丈夫分擔一定的家庭責任，才不會被人看扁。

第8忌

高度「近視」

有點小曖昧就當他是真命天子

一句歌詞中這樣唱：「曖昧讓人受盡委屈。」另外也有人這樣說：「這是個離曖昧很近，卻離愛情很遠的年代。」是的，生活中，無論何處，我們隨處可見曖昧：眼神的曖昧、肢體的曖昧、言語的曖昧，甚至是同床共枕的曖昧。可惜，卻始終找尋不到真正的感覺上的曖昧。然而真正的愛情卻離我們越來越遠，我們卻天真地以為它就在身邊，似乎觸手可及。殊不知，其實它遠在千萬里之外，或者根本未曾走近妳。更何況，曖昧本就是件苦差事，它變成愛情的機率很小，帶來傷害的可能卻很大。因此，處在情場的女孩，千萬不要把曖昧和愛情混為一談，讓自己的愛情在曖昧中徘徊。若要愛，則要真真實實、明明確確的愛。

擦亮眼睛，其實他沒有那麼喜歡妳

我們也許並不那麼喜歡「曖昧」這個詞，但不得不承認，自己或許都在不知不覺間跟別人曖昧著。可能一個眼神，一句問候，一絲關愛，甚至什麼都不需要，只要我在妳心裡，妳也還會在心裡給我留下了一個位置。

但是，曖昧中是沒有責任可言的。

它就像鏡花水月，我們只能遠觀，卻最好不要去碰。因爲以愛情爲終點站的列車，不可能以曖昧爲起點。

如果妳的愛情源於曖昧，恐怕到不了終點，妳就得下車了。

聰明的女人不應在曖昧中尋找愛情，擦亮眼睛，看清楚，跟妳玩曖昧的他，根本沒有那麼喜歡妳。

華倩和雪松在一起有一段時間了，她很喜歡他。

但在某一天，這個華倩所深愛的男孩，卻告訴她，自己要到另外一個城市去生活了。臨行前，雪松約她一起喝咖啡，終於吐露了實情，他要和她分手了。

華倩聽後，感到自己整個人都麻木了。幾天之後，當她下班回到他們曾經共同租住的小屋，發現早已人去樓空。

僅僅幾個月的時間，在華倩還沒來得及從傷痛走出來時，卻得到消息，雪松要訂婚了。華倩十分絕望，她不顧父母的極力勸阻，立即趕到那裡。此時，華倩在絕望中還燃燒著一絲希望，他們曾經那麼相愛，也許自己還有機會把他爭取回來。

到了雪松所在的城市，華倩舉目無親，在和雪松面談了之後，華倩在一個出租套房中住了下來。房子是雪松爲她租的，華倩因此認爲自己還有和雪松重新來過的機會。

雪松似乎也在給華倩這樣的暗示，他時常背著未婚妻來與她約會，每天都會打來問候的電話，還會在她生病時主動看望……這一切，讓華倩覺得，他終有一天會回到她身邊。

於是，她滿懷期待，想給雪松足夠的時間來處理目前的情況。在這種期待中，時間已經不知不覺過去半年了，雪松仍然一再要求華倩多給自己一些時間。

然而，維持這種關係也並非容易的事情。

有一天，華倩陪著公司一位懷孕的同事到醫院檢查身體，在醫院的走廊上偶然瞥見陪著未婚妻來做產檢的雪松。華倩感到身體一點點變得僵硬，她似乎聽到了心在破碎的聲音。

回家的路上，她終於想明白了，那些深夜裡打來的電話，不過是他幸福之餘偶爾產生的一點愧疚，甚至可以說，是他吃著碗裡惦記著鍋裡的。

她終於看清了，自己心愛的人一直就是一個不負責任的男人。而自己居然把他的曖昧當成了深情。

回到家後，華倩很多天不思茶飯，終於病倒了。

躺在床上，腦子裡想著這幾個月來兩人之間擁有的曖昧，竟像一味毒藥，漸漸將自己的意志消磨殆盡了。正後悔著，她的手機響起來，仍然是他的電話，他有些氣急敗壞地責問家裡的電話爲什麼一直打不通。

她淡淡地回答：「我家電話換了，請你以後不要再打來，如果你眞的心存愧疚，那就爲我祝福吧。」雪松有些意外，他忙向華倩保證，自己心中只有她，而且絕對不會和別的女人發生眞感情，最多只是敷衍未婚妻的曖昧。

華倩聽到「曖昧」兩個字，靜靜放下了電話。

她想，自己這輩子都不會和這兩個字有關係了。

人們都說戀愛中的人智商爲零，而戀愛中女人的智商則爲負數。當然這種說法多少有些誇張，但「當局者迷，旁觀者清」的古語絕對是不無道理的。

女人往往很容易陷入曖昧之中，男人的一個眼神、一個姿勢，都有可能讓女人迷了心竅。話又說回來了，如果遇到的是眞心眞意對妳的男人，那麼付出再多都是値得的；但碰到那些有騙財騙色心理的男人，妳可能會輸得很慘。

所以，戀愛中，女人一定要擦亮自己的眼睛，不要爲表面的浪漫而麻痺了神經。

同時，女人也要聰明一些，千萬不要讓自己陷入無端的曖昧之中。遇到眞愛的人，不妨直接表達清楚，雖然有些破壞氣氛，但卻可以保護自己不受曖昧的傷害。

陷入曖昧的女人原本就不明智

人們都說愛情似毒藥，但跟曖昧相比，愛情的毒性就不值得一提了。曖昧是比愛情更讓人受傷的東西，愛情雖然有傷痛，但卻可以給人美好的結局；曖昧雖有浪漫感覺，但卻只能將人推入萬劫不復的深淵。

戀愛中的女人都喜歡聽男人的甜言蜜語，即便明知道他說的是假話。而男人的曖昧也往往會隨著這漫天甜蜜的假話向女人襲來。

女人如果不擦亮慧眼而讓一個喜歡玩曖昧的男人得逞，或女人自覺很聰明，本身喜歡和別人玩曖昧的話，其結局往往會以悲劇收場。

因此，明智的女人就要管住自己的心，無論對方如何引誘，千萬不可陷入曖昧之中。

藍妮和周宇在大學相識，在畢業後相愛，並在一年後走進入婚姻殿堂。

感情基礎深厚的他們，無疑應當是一對恩愛夫妻。結婚最初幾年，兩人都忙於各自的事業，沒有想要生孩子。等到年過三十，禁不住雙方父母的催促想要個寶寶時，卻怎麼也沒有。

經過檢查，發現問題出在藍妮身上。在做了兩年相關治療仍沒有起色後，吃盡苦頭的藍妮徹底絕望了，她再也不想要孩子了。而周宇卻覺得少了孩子，人生就不夠完整。

無奈，在雙方父母的壓力和周宇的渴望之中，兩人離婚了。

經過家人的介紹，周宇不久便和一個叫小燕的女孩結婚了。

小燕嫁到周家一年之後，便生了一個可愛的兒子。

然而，短暫的驚喜過後，周宇的生活卻變得一團糟。原來，隨著兒子的降生，雙方的父母都搬來與他們同住。

最初四位老人之間還是客客氣氣的，但幾天之後，矛盾開始出現了。

周宇的母親嫌親家母太粗俗，而岳母也說周宇的母親太刁鑽，其實，她們都認爲自己應該幫忙帶孩子而對方不適合。周宇不知該先哄哪個媽好。

隨著紛爭的升級，小夫妻的感情也受到了

影響，兩人都認爲自己的媽是對的，而對方的媽是錯的。

苦惱不已的周宇經常到前妻處「訴苦」，而藍妮總是輕聲勸慰，這讓讓周宇覺得，自己又找到了以前的美好生活。同時他也後悔萬分，爲什麼會和這麼善解人意的妻子離婚呢？

一直沒有再婚的藍妮，並不是找不到合適的人選，而是在心中還深深愛著前夫。

但她很清楚，如果小燕知道周宇和自己現在的關係，肯定接受不了。做爲女人，她覺得這樣對小燕是不公平的，對自己也是無益的。

幾經思索之後，藍妮給周宇留了一封信之後，便搬到另外一座城市。此後，再也沒有聯繫過他。

她知道，雖然周宇會爲此傷心，但既然他想要的生活自己給不了他，也沒有必要再糾纏下去，至於周宇目前的苦惱，他和小燕自會找到解決的辦法。

明智的藍妮，終於在幾個月後也找到了自己的幸福。並且對方是個在育幼院的工作者，一直以來就有一個願望，那就是自己不要孩子，將全部的愛放在育幼院的小孩子身上。

曖昧，就像平淡生活中的激情調味料，偶爾一用或許會覺得很新鮮，但若身陷其中，它將變成傷人的利器，最終刺得妳體無完膚。

所以，聰明的女人不會和人玩曖昧，因爲她們很清楚，調味料永遠不能當飯吃。

不要曖昧，要愛情

女人和男人玩曖昧，往往會使自己受傷。因爲女人比男人更容易陷入情網。在曖昧這種感情遊戲裡，男人往往抱著「獵豔」的心態，只在乎他自己的感受。

而女人的天性決定了，她們容易動情。

假如眞的不幸愛上一個花花公子，後悔的只能是自己。

現在有些女人流行情人或生理夥伴，也許妳們覺得自己玩得起。

但是，當妳們青春不再時，又會有幾個男人會守在妳身邊？這時候，女人就會知道，曖昧，眞的玩不起。

聰明的女人都會知道，與其玩曖昧，不如要愛情。因爲女人的青春年華是有限的，不能任由妳隨意浪費。無論妳漂亮或平庸，找對自己的位置很重要。在有限的青春裡，獲得一份完美的愛情，是一個女人送給自己後半生最豐厚的禮物。

愛情小心機

曖昧，是可以推脫責任的遊戲，沒有承諾就無需負責。曖昧，是勇敢者的遊戲，只有無畏的人才能進退自如。如果妳沒有「鐵石心腸」，那麼就請遠離曖昧，用心去找一份真正屬於自己的愛情吧！

第9忌

拜金主義

喜歡和房、車、金卡談戀愛

在這個男強女弱的經濟社會中，女人似乎天生就有一種依賴男人的心理，而男人則喜歡依靠自己「養家糊口」。於是乎，「男人賺錢女人花」似乎成了天經地義的事。而且，戀愛的情侶中，也不鮮見為心愛的女孩買星星買月亮而背後自己勒緊褲帶過活的男人。難道，男人天生就該是賺錢機器？俗話說：「男不問錢財，女不問芳齡。」雖然婚姻要以必要的物質做為基礎，但要等到適當的時候才可以談到金錢。如果戀愛期間甚至正式開始交往之前，女孩過分關注男人的錢財，恐怕不會有什麼好結果。因為眼睛總是盯著男人的口袋，可能最後連她自己都搞不清，究竟是要嫁給愛情還是嫁給金錢？

別讓他覺得妳是想嫁給錢

有人說：「結婚是女人的第二次生命。」

也有人說：「女人生得好，不如嫁得好。」

由於出於對以後婚姻品質的顧慮，很多女性會比較關注男友的薪資收入及家庭背景，更希望自己能夠獨掌「財政大權」。

更有甚者，有些女子像查「戶口」一樣查男人的收入，唯恐他「不誠實」。

但是，不知道這樣的女性有沒有想過，男方對妳的做法感受如何？他是否甘願被妳這樣追查，又是否願意接受如此看重金錢的妳呢？

胡玫雯與陳楓杰經人介紹相識相戀，由於戀愛過程中兩人十分投緣，一年以後，他們準備登記結婚。然而，一個意外的事件卻讓這樁即將成功的婚事告吹。

原來，胡玫雯和陳楓杰都屬於普通白領階級。爲了使自己婚後生活更幸福美滿，胡玫雯不僅將陳楓杰的家底打聽了個一清二楚，而且提出，婚後要獨掌「財政大權」。

陳楓杰起初以爲胡玫雯是在和自己開玩笑，並沒有十分在意。

但在登記前夕，胡玫雯再次說起這個要求，並提出陳楓杰的薪資及所有金融卡都交由自己保管。

而陳楓杰因爲父母年邁，且爲自己訂婚已經花費了很多，以致於欠下不少外債，所以，陳楓杰建議自己的薪資等先由父母保管，等還完了外債再轉交胡玟雯。

此言遭到胡玟雯的嚴詞回絕，還說陳楓杰不信任自己，怕自己貪了他家的錢財。兩人僵持不下，他們的婚事也就此告吹。

這件事漸漸平息之後，陳楓杰回顧了兩人交往期間的一些事情。

其實，兩人戀愛期間，胡玟雯就曾幾次試探，想弄清陳楓杰的「家底」，但每次都被陳楓杰巧妙地躲過。他知道自己家的收入一般，怕過早「露底」，胡玟雯會看低自己。

所以，儘管收入有限，每次兩人約會，陳楓杰都主動付錢。

而當女友表示需要買衣服或首飾時，陳楓杰認爲是人之常情，也毫不遲疑地爲她購買。可是令他沒想到的是，戀愛這麼長時間，到了談婚論嫁的時候，胡玟雯在乎的竟然是他的錢！

陳楓杰想到這些，突然間醒悟，自己這個決定是正確的，還好在登記之前看清楚了胡玟雯，不然自己以後的生活恐怕難以幸福。

女人喜歡金錢並不可怕，可怕的是爲了金錢而被別人輕視。

如果一個女人因愛錢而將愛情視爲一種籌碼，恐怕終其一生也得不到眞正的幸福。一個眼中只有錢的女人，怎麼會懂得珍惜別人的感情？

錢是死的，他卻是活的

愛情是無私的，但愛情發生卻是有前提條件的，那就是男女雙方都要有一顆爲對方無私奉獻的心。

那種只注意男人錢包的女人或者只注重女人相貌的男人，是不配奢談愛情的。

很多女人將金錢做爲衡量男人的唯一標準，其實既是膚淺的，也是不明智的。試想，如果一個男人腰纏萬貫，但色迷心竅、花心絕情，那麼即使有座金山，嫁給他會幸福嗎？

如果婚姻沒有愛情做基礎，沒有優質的品格做保障，那麼妳的生活就會是一個噩夢，看不到光明和幸福。

相反，如果有一個眞正愛妳的優秀男人，他有一顆善良、忠誠的心，努力向上，那麼即使他現在是一窮二白的，也値得妳以身相許。

因爲錢是死的，人是活的，人透過努力可以得到錢；但一個美好的品質和一顆愛妳的心，卻不是能用金錢換到的。

大學校園是盛產愛情的地方，很多年輕男女在這裡牽手。

而大學畢業，則像是棒打鴛鴦的兇手，將很多情侶活活拆散。

劉允川和文靜就是這樣一對鴛鴦。大學畢業後，每對情侶都開始面對現實生活。

劉允川和文靜也面臨著一畢業就分手的局面。

由於劉允川家庭條件並不富裕，一切都要靠他自己打拼。而文靜的家人希望她能找一個經濟條件好點的男友，並再三勸她畢業後趕緊回家，接受家裡安排的相親。

考慮到婚後的生活，文靜好幾次都想準備接受家人的建議，和劉允川分手，但一想到他們相戀已經三年了，劉允川也是個不錯的男孩，雖然一時窘迫，卻有著很強的事業心，所以考慮再三，她沒有因劉允川沒錢而放棄這段愛情。

他們一起留在讀大學所在的城市，共同加入求職者的行列。劉允川十分感激文靜，並暗暗發誓，一定要憑自己的努力，讓文靜給家裡人一個交代。同時也要透過自己的奮鬥，讓心愛的女朋友、未來的妻子過著好日子。

憑著心中這股信念，劉允川很快就找到了一份工作。雖然每天工作很辛苦，但一想到下班後兩人可以一起甜蜜地規劃他們的未來，劉允川就覺得身上充滿了力量。

隨著工作經驗的增長，劉允川在自己的行業漸漸站穩了腳跟。

再加上他踏實肯努力，好幾個公司都想挖他過去，他的薪水自然也一升再升。如今，兩個人在這座城市已經有了一定的經濟基礎，他們共同打拼，事業上也小有成就。

兩年後，他們舉行了簡單而隆重的婚禮。而文靜的家人，在婚禮上也對劉允川讚譽有加，誇獎自己的女兒果然沒有選錯人。

很多人爲了金錢放棄愛情，但最明智的選擇是，爲了愛情，可以暫時放棄金錢，選擇一個愛自己、愛生活的男朋友。愛自己，就不會甘願讓自己受苦；愛生活，就會有努力的動力。

總有一天，妳會愛情、金錢雙豐收。

如果沉不住氣，爲金錢放棄了愛情，把自己的幸福押在金錢上，最終吃虧的只能是自己。

與其坐吃山空，不如找個「長期績優潛力股」

愛情中沒有最好的，只有最適合的。

看來，要想選擇一個最適合自己的伴侶，聰明的女孩們還應該下一番工夫好好「研究」一下。

很多女人爲了婚後生活有保障，或者爲了穿金戴銀，挖空心思要嫁入「豪門」。

但也不乏一些紈褲子弟，將家底敗光，帶著老婆過窘迫日子的傳聞。

那麼，相比之下，選擇豪門，遠遠不如挑一個「長期績優潛力股」划算。

小雪是某大學的「校花」，是大家公認的美女。如此搶眼的女生，追求者自然很多，其中不乏優秀的男士。但她卻對這些人視而不見，一直芳心未動。

正當大家做出猜測時，她的「白馬王子」終於浮出水面。

讓人詫異的是，他只是建築系一位瘦弱、矮小、其貌不揚的年輕教師，簡單毫無魅力可言。

兩人之間的巨大差異，讓所有的旁觀者都跌破眼鏡，而小雪的那些熱烈追求者更是感到憤憤不平。

有人爲了追尋這一場愛情的緣由，特意跑去聽那位老師的課。

之後，他們不得不承認，他的課講得很精彩，講臺上滔滔不絕、神采飛揚的他似乎與小雪身邊的那個男子判若兩人。

可是這又有什麼用呢？就算是浪漫的師生戀，愛情的對象也應該是儒雅倜儻、才識過人的學者，而不是那個默默無聞的小講師。

在大家嘀嘀咕咕、竊竊私語裡，小雪胸有成竹，坦然自若地在各種含義複雜的目光中穿行。因爲小雪知道，時間會證明她的眼光。

果然，六年後，年輕的講師成爲了財力雄厚的房地產公司掌門人。此時，已經沒有人在乎他的外貌是否英俊、身材是否高大、笑容是否燦爛。

財富和地位造就了一個男人嶄新的形象。

女人選擇伴侶，要全方位進行考察。

一個人的外表、長相、身高、收入之類，純粹是審美意義上的判斷，就像股票的名字，好不好聽無關緊要。

對於男人來說，更重要的是膽量、品行，以及對待生活的態度，這些才是衡量一個男人能否在未來的某個時間點一路「飆升」的重要指標。

下面，筆者推薦幾個小竅門，希望能幫助處於戀愛期的女孩選對「投資對象」。

1.一個男人必須要有責任感。責任感是一個男人前進的精神動力，即使此刻平庸，日後也非「池中之物」。

2.有足夠的個人魅力。一個人的外在儀表、談吐、肢體語言及內在的修養、豐富的知識、樂觀的心境等，都是展現個人魅力的關鍵因素。一個有魅力的人，就像一個磁場，在任何地方都能吸引人。

3.自信心不可缺少。自信是愛情的基石，一個缺乏自信的人，做事往往縮手縮腳，這樣的人，不要期望他能有什麼成功可言。

愛情小心機

人生在世離不開金錢，兩個人要組成一個新的家庭更離不開金錢，但金錢不是萬能的，更代替不了愛情。不信，看看那些拜金女的遭遇就知道了。所以，女人千萬不要因為金錢而錯失一段大好姻緣。妳的他現在沒錢並不代表以後也沒錢，對妳的一生來說，找一個真正疼妳愛妳的人，會比眼前的一座金山更重要。

第10忌

過於挑剔
這山望著那山高

就像人的慾望無法滿足一樣，在愛情中，不少女孩也常會犯「這山望著那山高」的毛病，總覺得別的男孩如何如何好，於是頻繁更換男友，如同換衣服。可是，等真正到了「那山」的時候，才發覺還是「這山」高。

一些女人有著自身值得炫耀的地方，比如高學歷、好工作、一定的背景，但她們的通病是浮躁，找不到自己的定位，在選擇伴侶中總認為自己有實力找到更好的男人，卻越是如此越挫敗。原因在於她們的想法與現實脫節。因此，儘管這類女孩渴望得到一份真愛，卻常因內心的「不安分」，而導致事與願違。在愛情上，經常是愈想得到則愈難以得到，愈怕失去則愈容易失去。為了不使自己後悔，女孩們，對待愛情一定要慎重。當看到好的人選時，就要牢牢把握，挑來挑去，並不是明智的。

總是相信有更好的在前方

藝人伊能靜有一首歌叫做《你是我的幸福嗎》，裡面有一段歌詞是這樣寫的：「總是相信有更好的會在前方，就不顧一切地漂洋過海去用盡一生尋找。倦了累了渴望擁抱，卻找不到，才忽然想起你，還在我身後，靜靜等著我，給我依靠。」這首歌的主角無疑是比較幸運的，她拋開愛人，去尋找更好的人，當受了傷，找不到人依靠時，愛人卻依然在背後靜靜等待。這是一種幸運，卻也是一種不切實際的幻影。在當今這個速食時代，恐怕很少會有人願意做這樣的事情。因此，在愛情中不斷眺望更高的「山峰」的女人，一定要愼重考慮自己的決定，很有可能迎接妳的，將會是「賠了夫人又折兵」的悲慘結局。

爲什麼我們擁有了，還忘不了索取？有人說：「得不到的才是最好的」，一語說破人性中貪婪的一面。愛情又何嘗不是如此呢？「沒有最好，只有更好」，於是，不少女孩對原本傾心的男友百般挑剔，甚至動不動就分手，另尋「新歡」。比如他忠厚老實，妳卻覺得他太「死板」；他溫柔體貼，妳又嫌他不懂浪漫；他工作穩定，妳卻覺得他薪水太少；他剛剛買了一間套房，妳卻羨慕別人的豪宅別墅……如此挑剔下去，女孩們又何時才能找到「如意郎君」？而當妳轉身離他而去的時候，妳可曾想到，假如自己某天後悔而回來，他是否會在原地等妳？

人人都有追求完美的願望，這種心情是可以理解的。但女人也應該清醒地瞭解到，任何事物都是不完美的，愛情也一樣。對於愛情，我們不要奢求它的圓滿，因爲萬事萬物皆不圓滿，我們只能透過自己的努力讓它變得至眞至純。因此，與其這山望著那山高，不如適時轉身，收回遠望的視線，仔細看看腳下身邊這座「山」。

換個角度來看，妳看著那山高，還不知有多少人看著妳這座「山」高呢！也許妳才轉身離開，就有別人佔領了這個高地。而當妳後悔放棄它時，只能透過鬥爭來爭取，或者永遠地失去它。

女人需要看清楚一個現實，即愛情中永遠都沒有最佳人選，只有懂得珍惜眼前人，才能找到屬於自己的愛情。不要沉浸在那些脫離現實生活的愛情中，因爲那些童話式的愛情故事在現實中根本不會發生。愛情不是華麗的服裝，穿在身上展示給別人看，愛情是內心的感受，它能帶給妳的最大的滿足，就是可以「執子之手，與子偕老」。雖然那些偶像劇中的場景，看起來雖然很美，但終究是虛構的，踏實、平淡，才是生活的本質，也是愛情的眞諦。

先擺好自己的位置

愛情沒有對錯，也沒有好壞，最重要的是適不適合。正如中國女作家畢淑敏在散文《婚姻鞋》中有這樣一段名言：「不論什麼鞋，最重要的是合腳；不論什麼樣的姻緣，最美妙的是和諧。切莫只貪圖鞋的華貴，而委屈了自己的腳。別人看到的是鞋，自己感受到的是腳。腳比鞋重要，這是一條眞理，許許多多的人卻常常忘記。」前輩一語道破婚姻的奧祕——愛情是沒有固定模式的，只有適合自己的才是最好的。

有的女人也許會說：「我就覺得多金的、脾氣好的、專一的、成熟穩重的男人是適合我的，只有這樣的男人才能夠給我幸福。」那麼，這樣的女人，首先要做的不是挑男友，而是擺正自己的位置了。如果自己的確如此完美，那麼毋庸置疑，當然要選一個彼此條件相當的伴侶；但如果自己出身平平、相貌平平、收入平平、性格平平，那麼就應當重新考慮自己的擇偶標準了。這樣的男人對妳來說只能是好男人，但並不是適合妳的男人。

有一對情侶，住在某個社區內，人們經常看到這樣的場景：男孩安奇很忙，經常加班，女孩陳靜文也一樣，回來得很晚。但是，陳靜文不管多累，回來後也會爲安奇做一頓可口的飯菜。安奇吃完了飯甚至都不去洗碗，就坐到電腦前面，彷彿那裡才是他最喜歡的地方。但陳靜文還是一如既往，從不會因此與安奇爭吵。她的溫柔讓人羨慕，更讓人們不解。

原來，安奇的家境並不好，目前的收入也一般。而陳靜文長得很漂亮，人也很優秀，身邊總不乏開著名車來相邀的追求者，但陳靜文卻對他們視而不見。幾個瞭解「內情」的鄰居頗爲陳靜文打抱不平：「就算工作再忙，也不能整天心安理得地讓妳伺候他吧？再說，也沒見他有什麼比別人更優秀的地方，這樣的男孩值得妳這樣辛苦地付出嗎？」陳靜文聽了這話後，只是笑笑說：「和他在一起，我覺得踏實。」鄰居們更糊塗了。但不久，他們的疑問自動消失了。

原來，鄰居們漸漸發現，安奇每天早晨上班的時候都要比陳靜文早出去幾分鐘。最初，他們很奇怪：爲什麼兩人不像那些恩愛的情侶一樣一起上班呢？偶然的一天，一個鄰居發現，安奇早出去的這幾分鐘，是到社區外的早餐店爲陳靜文買早餐。因爲人比較多，每次都要排隊。而安奇早出來的話，陳靜文每天到早餐店的時候不用再等就能吃到熱呼呼的早餐。

再次見到陳靜文時，鄰居們不再發問，只笑著說陳靜文好福氣。陳靜文也笑笑說：「有再多有錢的人追，也不一定是適合我的。我就是個普通人，不是名媛，也不是豪門之後，而這個愛我、懂我，又肯爲我奮鬥的，就是我最應該珍惜的。」

沒錯，優秀的人大把大把的，但卻並非都適合自己。一個眞正值得去愛、也懂得如何愛的人，自然會讓愛情變得簡單。而要讓愛情簡單，最好的辦法就是精選適合自己的戀人。所以，與其花時間去羨慕別人的愛情，還不如好好經營自己的那一份。

妳應該瞭解的「麥穗理論」

在愛情中拿不定主意、這山望著那山高的女人們，一定要讀一下這則著名的理論——「麥穗理論」。這是西方擇偶觀裡的一條著名理論，是一條能夠帶給妳無限思考的眞理。

古希臘哲學大師蘇格拉底的三個弟子曾求教老師，如何才能找到理想的伴侶。蘇格拉底沒有說什麼，而是帶領弟子們來到一片麥田中，讓他們每人在麥田中折下一棵最大的麥穗——一直往前走，只能選擇一棵麥穗。

第一個弟子剛走了幾步便迫不及待地折下一棵自認爲是最大的麥穗，結果發現後面的大麥穗多的是；第二個弟子一直左顧右盼，等走到終點才發現，前面最大的麥穗已經錯過了，只好隨手折了一棵；第三個弟子汲取前兩位的失敗經驗，首先把麥田分爲三份，走第一個三分之一時，他只看不摘，而是分出大、中、小三類麥穗，在第二個三分之一裡驗證自己的分類是否正確，而在第三個三分之一裡，他選擇了麥穗中最大最美麗的一棵。

在數不清的麥穗中尋找最大的麥穗幾乎是不可能的，所謂「最大最美麗的一棵」往往也是在錯過之後才能知道。這正是人生的尷尬——不可能重新來過。因此，最好的方法就是，先進行一些比較，得出結論之後，選擇那個與自己更合適、更讓自己滿意的一個，然後不再左顧右盼，逕自地走下去。「麥穗理論」啟示我們：要想擁有最完美的婚姻，就不能盲目草率地做決定，但是猶豫不決，又只會錯過一次次機會。只有在戀愛征程中，累積閱歷、磨練感情，瞭解自己真正需要什麼，並學會比較，這樣才能找到真正適合自己的人生伴侶。但需要注意的是，對於麥穗理論的認識，還要多一條補充，即評估自身情況，而不可只挑選最好的一個。殊不知，最好的那個，往往是與自己無緣的；最適合自己的那個，能與自己白頭偕老的那個，往往不是最好的。

愛情小心機

在清楚了自己的真正需要之後，理智地鑑別做出自己的最優選擇。同時，女孩應該具備如大樹一樣的精神，一旦認定一個，就要有矢志不渝的信念。而不是看到更好的，就會產生「搬家」的念頭。只有這樣，女人的愛情之路才能越走越美滿。

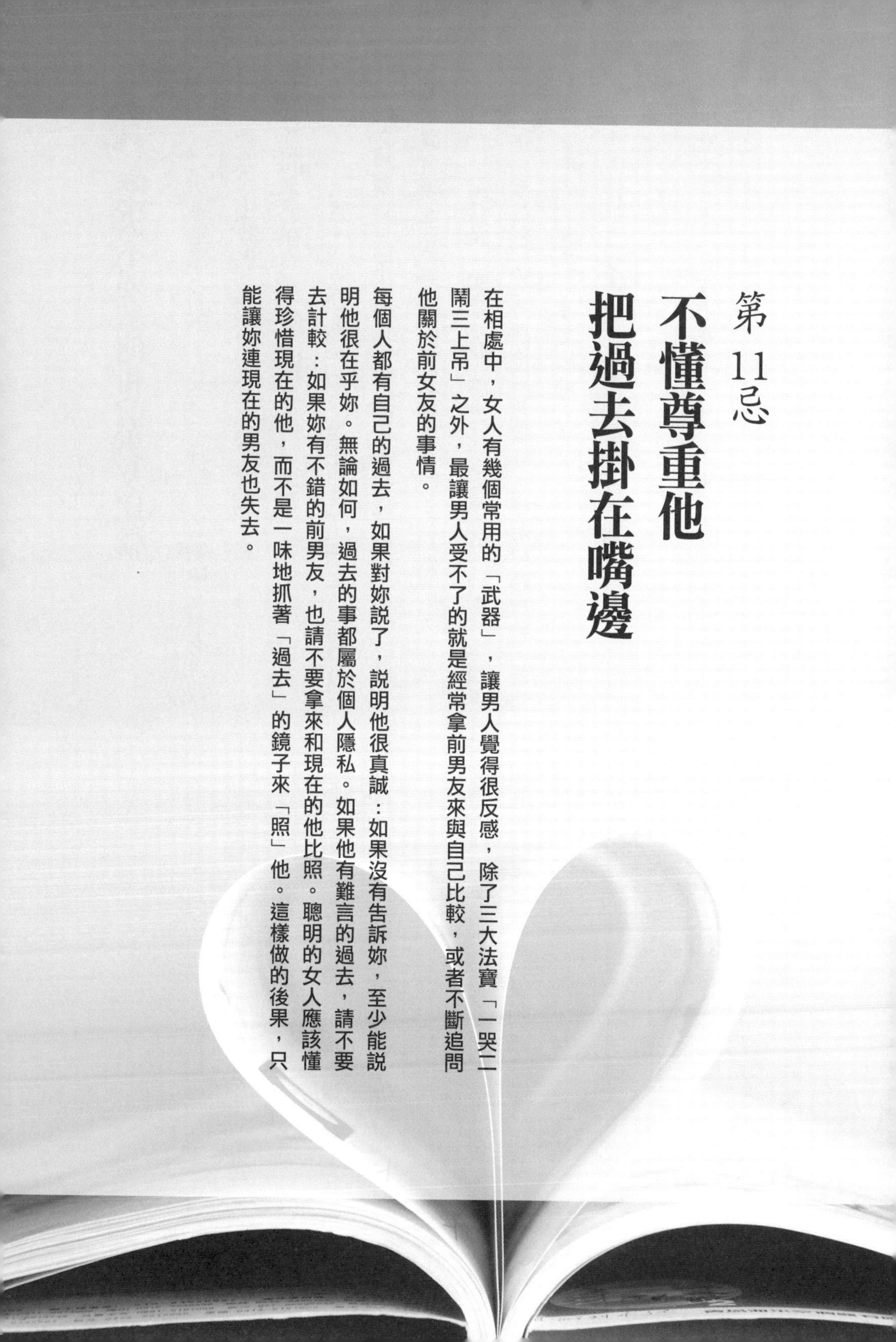

第11忌 不懂尊重他 把過去掛在嘴邊

在相處中，女人有幾個常用的「武器」，讓男人覺得很反感，除了三大法寶「一哭二鬧三上吊」之外，最讓男人受不了的就是經常拿前男友來與自己比較，或者不斷追問他關於前女友的事情。

每個人都有自己的過去，如果對妳說了，說明他很真誠；如果沒有告訴妳，至少能說明他很在乎妳。無論如何，過去的事都屬於個人隱私。如果他有難言的過去，請不要去計較；如果妳有不錯的前男友，也請不要拿來和現在的他比照。聰明的女人應該懂得珍惜現在的他，而不是一味地抓著「過去」的鏡子來「照」他。這樣做的後果，只能讓妳連現在的男友也失去。

堅決不要拿他和前男友比較

初戀是難忘的，尤其是刻骨銘心的初戀。很多女孩子爲了前男友，封閉自己，始終走不出也不願意走出陰影，也有很多女孩子在開始新的感情後，還是不由自主地會想起前男友，或者在有意無意間拿現在的男友與前男友進行比較。

其實，這是一種失誤。更嚴重的失誤是，很多女孩不光在心裡想，還會在嘴上炫耀一番，或者在吵架時，搬出前男友，讓現任男友自卑一番。這種大錯特錯的做法，不僅會傷及男友的自尊心，還會讓他認爲妳對前男友念念不忘，從而釀成大禍。

薇薇是一個漂亮的女孩，大學畢業後，她來到臺北，在一家公司當個小職員。

薇薇和男友的感情雖然很好，但是分隔兩地，時間久了，她對這樣的異地戀感到很辛苦。工作後不久，薇薇向男友提出了分手。

與男友分手後，薇薇認識了另一個男人——允強。這個男人是她的同事，屬於忠厚老實的那類人。允強對薇薇百依百順，這讓她感到放鬆和安全。但相處久了，薇薇發現允強沒有什麼遠大抱負，對未來也沒有規劃，遠不如前男友。

爲了給允強施加點「壓力」，薇薇提議買房子。雖然兩人收入都不高，但薇薇說是以後生活需要，現在不買，結婚後也要買。看著薇薇那麼堅決，允強即便沒有那麼大的信心，也只好硬著頭皮答應了。

就這樣，在雙方親友的幫助下，他們共同湊錢付了頭期款。頭期款是湊夠了，但每個月的房貸對他們來說仍是不小的壓力。而每提起婚事時，薇薇也總是說，先不著急結婚，等房貸還得差不多了再說。

沒什麼主見的允強聽了薇薇的話，以爲她眞的是出於兩個人的未來考慮。但實際上，薇薇推託房貸只是藉口，她是在心中對允強越來越不滿意了。

這種「看不起」的念頭一旦出現，薇薇看允強就越來越不順眼。她不但經常有意讓允強做這做那，還總是藉故發脾氣。而面對薇薇的無理取鬧，允強從來都不生氣，只是默默地一切照辦。而允強越是這樣，薇薇就越覺得他窩囊，甚至不敢想像和他結婚後會是什麼樣子。

她覺得允強根本不能支撐起一個家，自己和這樣的人在一起，簡直看不到一絲希望。不由得，薇薇越來越懷念自己的前男友。

她開始有意無意關注前男友的消息，得知他從研究所畢業了，剛找了份不錯的工作。

他發簡訊告訴薇薇，他打算工作一兩年之後再去國外讀博士。薇薇覺得很久沒有這麼積極樂觀的人和事出現在自己面前了，這才是眞正的生活。

相比之下，她覺得和允強在一起的生活好像是進入暮年的老人……在前男友的光環之下，薇薇開始不斷地抱怨允強沒有上進心，並且開始在允強面前提起前男友如何如何優秀。終於，好脾氣的允強也爆發了，在一次爭吵之後，他離開了薇薇，再也沒有回頭。

薇薇這才感覺到無助，前男友與自己的聯繫顯然比以前少了，而允強也沒有了消息。薇薇覺得，自己重新陷入了兩難的孤獨中。

女人最不明智的做法，就是將前男友拿來與現任男友比較；最愚蠢的做法，就是拿前男友的光環來鄙視、激勵現男友。拿前男友的長處來比現男友的短處，不但是對自己的不負責任，更是傷害現男友自尊心、破壞兩人感情的「有效途徑」。

對於愛面子過於一切的男人來說，最不想聽到的，就是自己的女友認爲別的男人比自己強，尤其是女友的前男友。

女人應該懂得，每個人都有自己的特點，所以需要區別對待。過去的，應該理智地放手，這樣才能更好地珍惜現在，把握未來。

如果因沉醉於過去的輝煌而忽略了現在那個深愛著妳的人，結果將讓自己後悔不迭。

對他不滿要直接指出來

不能拿前男友來做比較，也不能將不滿壓在心底，否則只能激化矛盾。俗話說：「金無足赤，人無完人。」兩個人相處久了，他的各種缺點就會暴露出來，自然會引起妳的不滿。

面對他的種種不足，妳該怎麼辦？整天爲一些瑣事爭吵不休把自己變成一個「怨婦」嗎？顯然不是最好的辦法。

最好的方法，就是「大事化小，小事化無」。將可以忍受的缺點忽略掉，畢竟誰都不是完美的，也無法苛求別人完美。而出現一些原則性的問題無法容忍時，則可以直截了當地提出來，兩人面對面解決。當然，即使兩人親密無間，也要注意表達的方式。

偉博曾經交過一個女友，他們相戀三年，後來因爲距離的關係以及女方家長的強烈反對而分手。

偉博對這段戀情顯然十分不捨，之後幾年他一直沒有再找女朋友。後來，前女友已經結婚生子。經人介紹，偉博又與另一個女孩佳慧相戀。

但是，他與前女友一直保持著聯繫。

和佳慧相戀之前，偉博向她坦白了自己的這段戀情，希望她不要介意。

佳慧說：「我理解你們的愛情，我也允許你在內心深處給她留一個位置，但我希望你以後不要一提到她就難過，更不要拿她和我來做比較。」偉博聽到後，立刻給前女友發簡訊：「希望我們以後不要再聯繫了，我想開始新的生活。」可是前女友不接受，而且非常激動，最後在無奈之下，偉博答應她，可以偶爾簡訊聯繫，但是不能打電話。

最初的半年，佳慧和偉博都感到很開心，兩人有各自的工作，在週末約會，而佳慧每天都能收到偉博的簡訊或電話。

後來，佳慧發覺偉博的簡訊越來越少，電話也不像以前那麼頻繁了。女人的直覺告訴她，偉博有可能變心了，或者，遇到了什麼不能對自己說明的麻煩。

經過幾天毫無頭緒的胡思亂想，佳慧決定將這件事弄清楚。

她透過偉博的其他朋友瞭解了事情的眞相：原來，偉博的前女友因無法接受他屬於另外一個女人的現實，情緒一直很激動，並且企圖自殺，幸好及時被發現，目前正在醫院治療。

偉博答應前女友，給自己一個月的考慮時間。

佳慧知道，偉博其實還是放不下前女友，雖然對那個女人的做法感到氣憤，但她知道，自己必須做出選擇，一個月的時間，是偉博給他和她的，也是自己給他的。

三天後，佳慧和偉博進行了一次平心靜氣地交流。

她告訴他：「我希望過安定的生活，你可以選擇和誰在一起，只希望我們都能生活得快樂、自由，如果在一段沒有結果的情感中空耗時光，沒有任何意義。」

一個月以後，偉博換了手機號碼，和佳慧一起去拍了婚紗照。

讚美的話人人愛聽，但批評的話則不是每個人都樂於接受了。

當妳發現對方的缺點時，千萬不可太過直接地表達。

每個人都會有這樣那樣的缺點，包括妳自己。試想，當妳聽到別人提出自己的缺點時，一定不希望是批評、嘲諷意味過重的。

所以，要以平常心來對待他，有話好好說，不要凡事斤斤計較，求全責備，弄得到處充滿火藥味。

原則性的錯誤，必須要改正；若是一些無關痛癢的小事，聰明的女人應該學會睜隻眼閉隻眼。畢竟，婚姻是大事，最後能不能在一起，還要兩個人共同努力，若因小失大，永遠都是一筆賠本的買賣。

強摘的瓜永遠不甜

當女人開始不斷地將現任男友與前任男友進行比較時，也許在妳心中就已經開始不愛現任男友了。

當然，女人都渴望自己的愛情一帆風順，但對於一些人來說，這只是一個美好的願望。

不管當初妳帶著多麼美妙的想法開始一段感情，但它並不是只要妳願意，只要妳付出，就會永遠留在妳身邊的。

俗話說：「強摘的瓜不甜。」

當妳對對方、或對方對妳已經沒有任何感覺，或者妳已經明顯察覺到與雙方的巨大反差，那麼不管妳再怎樣不捨，這段感情也已經走到了盡頭。

此時妳唯一要做的就是——放手。

放手，還對方一片自由的天空，也給自己一種另尋幸福的希望。

愛情不能強求，該分手時就要果斷分手，否則受傷的只能是自己。

愛情小心機

女人心思天生細膩，因此不可避免會對自己的男友進行比較。如果不能克制自己的想法，也一定要管住自己的嘴巴，千萬不要將心裡的想法說出來。同時，女人要學會珍惜愛情中點滴的幸福，並收集起來，儲存到妳們的愛情銀行裡。相信不久的將來，它會回饋給妳一筆巨大的財富，讓妳受益終生。

第12忌

缺乏主見

一味跟著他的腳步走

在現實生活中，不難見到一些處處以男人為中心的女人，她們為了得到心愛的男人，或保住看似美滿的愛情，完全忘了真實的自己，眼裡只有那個男人。她們或曲意逢迎，或不懂裝懂，完全不計較自己受了多少委屈。直到有一天，那個人離開了，她們才開始懷疑、迷惑、怨恨：然而，一切為時已晚。

而最可悲的是，她們始終不明白：自己那麼真心真意地愛著他，他卻為何這麼「冷血」？他到底需要什麼？如果妳「不幸」遇到這樣的男人，只能說妳是一個失敗的女人。男人是善變的，如果女人不能用自己獨特的魅力來抓住善變的男人的心，那麼，妳們的感情是極不穩定的。終有一天，它會隨著妳無奈的淚水一起流走。因此，聰明的女人，不應一味迎合男人的愛好、男人的話語、男人的喜樂，而要為自己而活，保持自己的獨立，讓對方更懂得珍惜自己。

愛情不能靠順從來支撐

支撐愛情的是兩個人相互吸引，而絕非是一方對另外一方的順從，即使妳爲它付出了全部。雖然愛情有時需要順從，但一味順從卻會讓自己陷入萬劫不復的深淵。不但對方不再珍惜妳的順從，並視爲是一種軟弱，還有可能讓妳在對方眼中變得不再可愛、不再有主見。因此，要想得到期望的愛情，應該從現在開始就向著那個目標努力奮鬥，而不是一味地迎合某個男人的口味。

她和男人的戀愛期很普通，與很多女人一樣，她發現男人有「大男人主義」傾向，但她想，上一輩人不也是這樣嗎？這說明他有男人味。就是這樣一種錯誤的信念，導致她一直遷就他，很快就使他形成了自己「永遠是正確的」的想法。沒過多久，他們結婚了。女人想，也許結婚後，他會有所改善。誰知婚後這種狀況有增無減。但女人並未因此太過苦惱，她一味選擇退讓，心中總是想，他比較強勢，那我就扮演比較弱勢的角色好了。於是，對於一些事，她有自己的想法，卻不敢表達。因爲她知道，如果她說出來，他會有一萬個理由把她壓下去。所以，她只能把自己的一切感受、要求小心收藏起來，只是一味地迎合他，時間久了，她甚至覺得，這也是自己的成就。

有時女人也覺得自己「逆來順受」的情況應該有所改變，但順從他對於她來說已經成爲了一種慣性，總是自然而然地發生，她無法戒掉。他不喜歡她工作，她就不出去工作專心在家帶孩子；他不喜歡她見朋友，她就一個也不見，漸漸失去一切朋友；他不喜歡她上網，怕她學壞，她就不上；他工作上不愉快，回到家就拿她當出氣筒，甚至當著孩子的面打她……一直到她開始成爲他發洩憤怒的對象時，女人才發現，自己的一味退讓將自己推入了無底的深淵。她很痛苦，她覺得自己不是一個貪心的女人，對生活的要求也並不高。相夫教子，有一個穩定的家庭是她的願望，而偏偏她付出了一切，換來的卻是徹底的失敗。她不明白，她從來都是按照他的意願做事的，可是爲什麼她從丈夫那裡得到的都是打擊和不滿？自己究竟錯在哪裡？深深思考之後，她不得不承認，自己一味的退讓、妥協，讓他有了不斷壓迫自己的慾望。

女人並不是男人背後唯唯諾諾的小僕人，尤其在當今這個社會，獨立、自主不但是女人的權利，更是增強女人魅力的法寶。女人要懂得適當地釋放自己的壓力，表達自己，假如因爲害怕伴侶不滿或反感而自我壓抑的話，結果往往會適得其反。因爲妳隱忍的結果很可能是對方不再重視妳，認爲妳是個不可救藥的懦夫，從而根本看不到妳爲他付出的一切。爲別人付出是一種偉大的精神，但只爲別人活著的人不是偉大，而是對自己不負責任。記住，愛沒有錯，但不能愛到失去自己。所以，不要爲討好他而改變自己，而應該學習勇敢地面對現實。當妳能夠在兩人的戀愛關係中或者在家中獨當一面時，就會發現，也許男人會對妳百依百順、言聽計從。

一味迎合的妳容易變得一文不名

很多女人爲了留住男人的心，就採取「無論男人說什麼都對」的策略。有時候，明明自己不贊同男人的看法，甚至對此十分厭惡，但依然在表面上點頭稱是。也有的時候，女人明明對男人所採討的話題並不瞭解，又怕男人看到自己的「無知」，於是便不懂裝懂，只為迎合男人的口味。

不懂裝懂對任何人來說都是危險的，不穿幫則已，一露餡妳就會變得一文不值。俗話說「狐狸的尾巴藏不住」，無論女人多麼愛面子，但愛慕虛榮、不懂裝懂的行為遲早會露出馬腳，最後落得一個「雞飛蛋打」的結局。如果眼前的男人足夠愛妳、兩人的關係足夠穩定，那麼自己即使對一些事情並不瞭解，也不會影響在男人眼中的形象，直接表達出來，也許還會讓男人覺得妳坦白、可愛。但如果隱瞞不說，甚至假裝自己很懂，則難免會造成玩火自焚的結局。

阿文和阿芳都到了應該戀愛的年齡，但卻都處於單身狀態。無聊時，他們會在網路上打發時間。巧合的是，兩人在網路上偶遇了，一番閒談之後，彼此感覺還不錯，於是開始保持聯絡。在網路上聊天約兩個月後，他們在現實中見面了。沒有一般網友的「見光死」，相反，他們的戀愛進行得似乎很順利。

阿文在某公司做軟體開發的工作，屬於白領一族。阿芳剛剛工作一年，收入一般，但為了在阿文面前保住自己的「面子」，她並沒有向他說明，並且謊稱自己的父親有一家大公司，她本人正考慮是否半年後出國留學。這本是在網路上閒聊時隨便說出的事，當時根本沒想到不在一座城市的他們會見面。而當真正見面之後，阿文不斷地誇讚阿芳有學識、有主見，對於未來有自己的想法。阿芳聽著聽著就陶醉了，不想破壞自己在他眼中的形象。既然沒有勇氣說出真相，阿芳只好將謊言繼續編下去，雖然她也為此十分煎熬。相比之下，阿文是個比較內向的人，但在阿芳面前，他顯得很健談。他覺得，眼前的這個女生就像天使一樣完美。每天晚上，他們都會在網路上見面；而每個月，他們都會有一次約會，距離反而讓兩顆心貼得更近了。他們甚至談到了將來買房子、結婚……阿芳一方面沉溺在幸福之中，另一方面，也在爲自己那個「瞞天過海」的謊言擔心。

一天，阿文忽然問阿芳：「妳什麼時候出國？準備學什麼？需要我幫忙嗎？我在美國有幾個好朋友。」阿芳的臉色頓時變了，她不知道怎麼回答，只覺得自己的臉紅了。阿文注意到了阿芳的變化，忙問原因。阿芳見事情已經穿幫，只好說出了眞相，說自己當初在網路上是隨便說的。阿文聽後一臉茫然，隨之是不滿和失望的神情。之後，他們沒再見面。此時，阿芳才發覺，自己已經習慣了有阿文的日子。每天上網，看著那個不再亮起來的MSN頭像，阿芳感到心裡空蕩蕩的。幾天後，阿芳鼓起勇氣給阿文發了一條簡訊，問他原因。阿文只回了一句話：「我不在乎妳是否富有，而在意妳是否眞心。」

看到這句話的阿芳忍不住哭了。她知道，是自己的欺騙、懦弱、一味迎合，將自己和阿文分隔了開來，今生都不會再有交集。

迎合是一種必要的交際手段，有時在愛情中也需要運用。但是，迎合要把握一個合適的度。尤其需要注意的是，如果男生對妳有些誤解，那麼就一定不要再去迎合他，而要將原因解釋開來，即使攤牌後會讓自己在男生眼中的美好印象有所受損。人生會有很多選擇，但妳千萬不能選擇虛榮和謊言。如果妳把心事都用在修築虛榮的堡壘上，只會讓自己越來越脫離現實。

讓他眼中有個獨立自強的妳

獨立、自強並不是只有男人才具備的素質。對於女人來說，獨立和自強不僅是能力的表現，更是個人魅力的表現。一把堅實的大鎖掛在大門上，一根鐵杆費了九牛二虎之力，還是無法將它撬開。鑰匙來了，它瘦小的身子鑽進鎖孔，只輕輕一轉，大鎖就「啪」地一聲打開了。其實，每個人的心都像上了鎖的大門，任妳再粗的鐵棒也撬不開。唯有在智慧的熔爐裡，打造一把恰到好處的鑰匙，才能開啓緊鎖的心門。愛情也是如此。女人與其煞費苦心地去迎合男人的喜好，不如努力充實自己，並學會適時地展現自己獨特的一面，讓男人主動來欣賞妳。懂得生活的女人，外表美；懂得人生的女人，心靈美。任何華麗和漂浮的東西都不易長久，只有用學識和能力武裝起來的女人，才能在男人面前保持永久的魅力。所以，女人要適時地展現自己，偶爾反駁一下男人，讓他看到自己獨立、智慧的思想。

愛情小心機

缺乏主見、只知道順從男人的女人，她們的字典裡永遠沒有自己，她們的生活也會因此而飄忽不定，沒有準確的方向。而一個沒有自我的女人，不僅不會得到男人的寵愛，相反的，常常是男人厭倦的對象。生活中的變數太多，女人不要妄想靠男人生活一輩子。因此，女人與其刻意迎合男人，不如努力充實自己。

第13忌

錙銖必較 把愛情當作生意

到了談婚論嫁的階段，女人似乎都在這樣憧憬：自己所嫁的那個男人，必須有車、有房、有錢、有權。除了這些，還需要男人什麼？當她們用自己去兑換車、房、金錢、享受的時候，不知是否想到，在這樣的前提下與男人對話，自己還是不是一個完全自主的人？有的女人可能會説，我將自己整個人都交給了他，這是「等價交換」，女人的青春、美貌足夠值得換取男人的車、房、權、錢。持這種觀點的人，信奉的愛情法則是等價交換，即如果雙方不保持平衡兩人就不能接受。

這些人沒有意識到，愛情中沒有誰欠誰的，從相識相知到相愛，都是你情我願的，也沒有什麼公平而言。所以，在愛情法則裡沒有等價交換，不是我們付出多少就能得到多少回報。如果沒有了愛情，物質的平衡遲早有一天會打破的。貧窮是無法阻礙真愛的，阻礙妳的只可能是妳自己的內心。

愛情最忌諱斤斤計較

自從人類開始了第一次「等價交換」之後，這個世界的經濟就快速發展，幾乎所有的東西都能透過等價交換的方式來實現其價値。甚至有人說，如果我們對一件事物還不能量化，就說明我們對它仍不夠瞭解。很多女人「發揚」這種精神，將這種經濟學原理運用到愛情之中。

她們怎麼將愛情量化呢？愛情是一克拉的鑽石，還是一千萬元的房子？愛情是一萬年的承諾，還是一瞬間的感動？很多女人，甚至覺得自己嫁過去，就是將自己整個人交換了過去，應該得到與此價値相當的物質生活。這種想法，是最不値得提倡的。

女人考慮自己的物質生活是無可厚非的。在當今社會，從一定程度上來說，一定的物質基礎是愛情的保障，但是，如果將愛情過度地世俗化和計量化，愛情本身所具有的兩情相悅、精神交匯、無私付出等淳樸的內涵，就會被「銅臭」薰得變了味。而變了味的愛情，還有存在的意義嗎？況且，在家庭生活中，男人一樣在不斷付出，甚至也可以說，男人在家庭生活中「交換」出了自己。

如果依照等價交換的理論，那麼誰來爲男人的付出買單呢？所以說，聰明的女人就要轉變觀念，不要維持老舊的思想，認爲自己「成了別人的人」，應該得到相應的回報。現代新女性，最應當堅持的，就是無論是爲人妻還是爲人母，都依然是獨立、自主的個體。

再換一個角度想，愛情本來就是一件難以衡量的事情，無法絕對計算出誰付出得多、誰付出得少。況且眞正的愛情，本來就應該是不計付出和回報的。

如果一定要將愛情中的責任分得清清楚楚，只能說女人的腦筋還不夠清晰，無法瞭解到愛情的實質。自然，她的愛情生活也不會幸福到哪裡去。

在美國一個直播的電視節目中出現戲劇性一幕：主持人向現場的觀眾提問，「如果一個人因爲想與你深愛著的伴侶結婚，給 五萬元讓你離婚，你會考慮嗎？」在一片哄笑中，所有的觀眾都按了手中「NO」那個按鈕。

「五十萬呢？」還是一片笑聲，但有幾個人選擇了「YES」。

「五百萬呢？」沒有了笑聲，有更多的人選擇了「YES」。

「五千萬？」現場觀眾一片沉默。

這是一個典型的將愛情量化的例子。

毫無疑問，其結果是不樂觀的。玫瑰從來都不拒絕鑽戒，但不是有鑽戒才會有玫瑰，相反，愛情遭遇量化後，反而讓人漸漸無法明白愛情的味道，體會到婚姻的樂趣了。因爲財富、權力、名車、豪宅……這些物質的東西，只是愛情的道具。愛情不容易量化，而道具容易，所以，道具經常喧賓奪主，成爲談情說愛的主角，愛情也演變成一場比道具的競賽。

然而，誰能發明一種衡量愛情的工具呢？誰又能比較兩對情人之間哪對更恩愛呢？如果妳不能回答這個問題，那麼，問問自己，是要嫁給愛情，還是要嫁給道具。

愛情不是生意

現代經濟發達，很多人都具備很強的商業頭腦。

但一些女人卻將這種「聰慧」放在愛情當中，爲自己做考量，其實這是不明智的。

愛情並不是一樁斤斤計較的生意，應當抱著愛一個人就多爲他付出的信念，讓自己的愛在歲月中慢慢地播種、收穫。如果一味將愛情量化，甚至當作生意來看待，只能賺不能賠，那麼除了此人頭腦太物質化的解釋之外，就只能認爲她對愛情太不自信了。

有些女人懷疑愛情，認爲它就像曇花，開了，很美，但轉眼即逝，留下的只有深深的回憶……於是她們追求物質、追求平衡，覺得只有錢是不會背叛自己的東西，在物質的保障下，哪怕沒有愛情，自己也能活得不錯。其實，這種想法本身就是一個錯誤。女人一旦將價值和戀愛與婚姻扯上關係，就已經從心底告訴自己：這份愛情的實質變了。

女人最應懂得的愛情信條是：只要付出了就不要後悔，不要在乎得到的愛情有多少，只要曾經愛了，就夠了！不是每個人都懂得珍惜愛情的，但要相信，眞正屬於自己的愛情還是會到來。

愛情不應當用斤斤計較的生意頭腦來經營，不可以一味要求「等價」。

在愛情中，同樣沒有一個人一定要另一個人爲了愛情去付出，愛情永遠是自願的。在愛情中，我們需要多一點付出，少一點回報。因爲愛情不是一味的相互糾纏和佔有，而是互相之間適當的付出、成長和學習。

真正的愛情有付出就會有回報

愛情不是商品，兩人相互的付出也不可能是等價物。

雖然不是付出就會有未來，也不是努力就會有回報，但是，如果不懂得或不肯付出，就一定不會有收穫。

我們只能說，在愛情裡，付出越多，收穫的可能性會越大。因此，我們應該學會以平和的心態面對它。誠如中國作家石康所言：「當感情的天平失衡時，必然產生獲得利益的一方和損失利益的一方。得利的人自然高興自己又有了重新選擇的機會。而失利的一方，如果聰明，也該懂得，不過是輸了一段本不屬於自己的快樂。」

做爲一個女人，如果妳確認自己和對方是眞心相愛的，那麼就不用過於考慮「平等」的問題。因爲在眞愛中，只要妳有所付出，那麼就一定會有所回報。況且，輕易得到的東西人們往往不懂得珍惜，愛情也是如此。

戀愛中不難看到這種情形：當一方一味享受著對方的付出時，已經從心安理得變成麻木，麻木到有一天可能開始厭煩。此時，付出的一方就應該想一下，自己處理愛情的方式是否應該改變。

愛情是相互的，需要彼此間共同的包容，而如果妳面對的那個人根本不懂得珍惜妳，那麼，妳付出再多恐怕也是枉然，愛情最終還是會離妳而去，空留遺憾罷了。

愛情是需要兩個人共同去經營的，沒有必要去計較誰付出的多誰付出的少，但是，只有雙方都甘願爲對方付出了愛，才會得到更多的愛。

需要注意的是，女人在愛情中最易受傷，因此要講究一下愛情中的「策略」。

愛情小心機

真正的愛情找不到交換物，各類物質只是愛情表面的道具而已。聰明的女人，應該學會透過表面看到本質。愛情需要戀愛雙方的共同經營和無私付出，因為愛情是公平的，不懂付出的感情中沒有真正的幸福。

第14忌

巧言如簧
管不住自己的嘴巴

說起「花言巧語」，似乎是愛情中男人的專利。很多男人嘴上功夫非常了得，被女人稱作「巧言如簧」。其實，花言巧語跟性別無關，而是跟人的品質有很大的關係。很多女人，在愛情中同樣習慣信口開河、謊話連篇，把男人哄得團團轉。但是，謊話終究會被拆穿，而被謊話腐蝕的愛情卻再也不會回來。

信口開河，動不動就哄騙他

在愛情中，有些女人爲了達到一定的目的，往往張口就會對男人說出謊話。時間長了，習慣成自然，連一件小事也會說謊。謊話連篇時，自己都會忘記自己曾經說過什麼，只好繼續亂編，最後無法自圓其說。其後果當然可想而知，自己在男友心中的形象大打折扣不說，嚴重時還會導致愛情離自己而去。

任賢齊和鄭秀文主演的電影《嫁個有錢人》中，女主角騙男主角說，自己是個很有錢的女人，由此兩人經歷了一連串的鬧劇。最終，女主角發現無法再僞裝下去的時候，說出了實情。男主角最後並沒有因爲女主角的撒謊而離去，最終的結局皆大歡喜。

很多女人看了這部電影之後，覺得自己的信口開河似乎得到了某種程度上的「被認可」，覺得自己也會像電影裡的女主角一樣，即使撒了小謊，也能夠被男友原諒，甚至還會認爲自己很可愛。但事實往往並非如此，原因很簡單，電影只是虛構而已，不能代表現實生活，甚至往往跟現實有很大的反差。

試想，如果在現實生活中，一個女人從交往初期開始，就欺騙自己的男友，不管是家庭背景、收入水準，或者是其他一些事情，那麼最終謊話拆穿時，男人到底是會認爲女人很可愛，還是會氣憤地離她而去？

另外還有一些女人，在愛情中不專一，即使已經有了男朋友，還是忍不住和別的男人頻頻約會。當男友問起時，自然也免不了撒謊。當然，這種謊話也不會隱瞞很久。

米藍是一個漂亮的女孩子，追她的男孩不在少數。在二十四歲以前，米藍一直沒有固定的男朋友，而是頻頻周旋於幾個男人之間，享受他們爲追求自己而奉獻的一切。

米藍很想得開，爲什麼要把自己束縛在一個人身上呢？現在的生活狀態既能結交到不同的男人，又能收到很多實質的東西，何樂而不爲呢？

就這樣過了幾年，直到二十四歲生日到來之際，米藍覺得自己是該找個正式的男朋友了。她的如意算盤打得不錯，但事實卻和她想得不一樣。

米藍觀察了很久，將目標鎖定了一個外商公司的經理查理。查理高大帥氣，家境不錯，個人收入也很可觀，最重要的是，米藍覺得他人比較忠誠，而且對自己很好。幾番你來我往之後，米藍和查理確定了戀愛關係。

剛開始交往時，米藍還比較認眞，把前幾個「男友」都列爲黑名單，再也沒有聯繫過。但不出三個月，米藍就對這種「一對一」的戀愛生活厭倦了。

每天下班後，查理都會準時來接她，弄得她一點別的交際都沒有。習慣了和不同男孩子在不同場合娛樂的米藍怎麼受得了這種束縛，她開始不斷地找藉口和男同事出去。

當查理每每問起時，米藍總推託是工作需要。甚至有時不是跟男士出去，當查理問起時，米藍也習慣性地撒謊，不是說跟媽媽，就說一個人。

開始時，對於米藍的謊言，查理深信不疑。但慢慢地，查理發現米藍張嘴便是謊話，甚至中午吃了什麼飯，米藍也能回答出好幾個不同的答案。查理一開始認爲是米藍工作太忙碌了，對於一些小事記不清楚很正常，便沒有在意。

直到有一天，查理發現了米藍MSN上面的好友，竟然全是男人的名字。在查理的質問下，米藍不但沒有實話實說，反而編起了謊話，一會說是自己的追求者，一會又說是工作上的關係。查理受夠了米藍的敷衍與欺騙，轉身離去了。

就這樣，米藍的謊言，不但毀掉了個人形象，還親手葬送了自己的幸福。

對於一個女人來說，有端正的生活態度十分重要。好的女人應該有良好的品德，其中很重要的一點就是誠實。並且在兩個人的世界裡，只有一方對另一方誠實，才能讓得到對方的誠實。

如果女人習慣在愛情中信口開河，動輒就欺騙自己的男友，那麼一旦被男友發覺，後果將不堪設想。

原因十分簡單，男人的自尊心比什麼都重要，一旦他發現自己「蒙在鼓裡」這麼久，一定會惱羞成怒，不但兩人的戀愛關係要被解除，還會可能對欺騙自己的女人出言不遜，嚴重了甚至會大打出手。

沒有一種謊言能夠滴水不漏

謊言就像捧在手裡的沙子，如果抓得緊，能維持一會兒；但它並非密不透風，一個不小心，它總會從指縫中掉出來。

同樣，沒有一個人的謊言能夠天長地久、滴水不漏。尤其是對於生活在一起的兩個人來說，謊言是很容易被揭穿的。

因此，智慧的女人，乾脆就不要對自己的男友或老公撒謊。即使自己有不完美、犯了錯誤，也要坦白地說出來。撒謊是錯上加錯，而沒有什麼比誠實相對更容易取得諒解。

沙文今年二十五歲。相貌姣好的她，在上大學時就已經交到一個男朋友，並且同居了。沒想到畢業後，男友卻離奇地消失了。沙文四處找都沒有找到男友，只好氣憤地離開了那個城市，到另外一個城市開始自己的職業生涯。

在很長的一段時間內，沙文都無法走出這個陰影。

她想不明白爲什麼優秀的自己竟然會被拋棄。爲了排遣苦惱，每天下班後，沙文都會到酒吧裡坐一坐。在這裡，有不少男士向沙文示好。沙文絲毫不在意對方的身分，甚至不害怕遇到危險，只要男士提出邀請，沙文便跟隨他回家過夜。

由於生活不檢點，沙文很快發現自己懷孕了。在醫院做完人工流產後，沙文覺得自己像被抽空了一般。她找到一個安靜的公園，坐了整整一個下午，反思了自己近來的生活。當夕陽落下時，沙文做了一個決定，離開這種不健康的生活，重新追求自己的幸福。

不久，沙文戀愛了。在面對男友提出的「之前有過幾個男朋友」的問題時，沙文總是微微笑著不回答。

其實，她心中是害怕男友知道自己的過往。沙文越是不回答，男友心中就越不安，反而問得更多了。沙文被問煩了，便隨便回答：「談過一個，但沒有同居。」男友信以爲眞，對沙文更加愛護。

轉眼兩人在一起好久了，便商量準備結婚。照例，男友陪著沙文到醫院做婚前檢查。但結果卻讓沙文和男友同時嚇了一跳——由於曾經墮過胎，沙文得了不孕症。男友難以置信

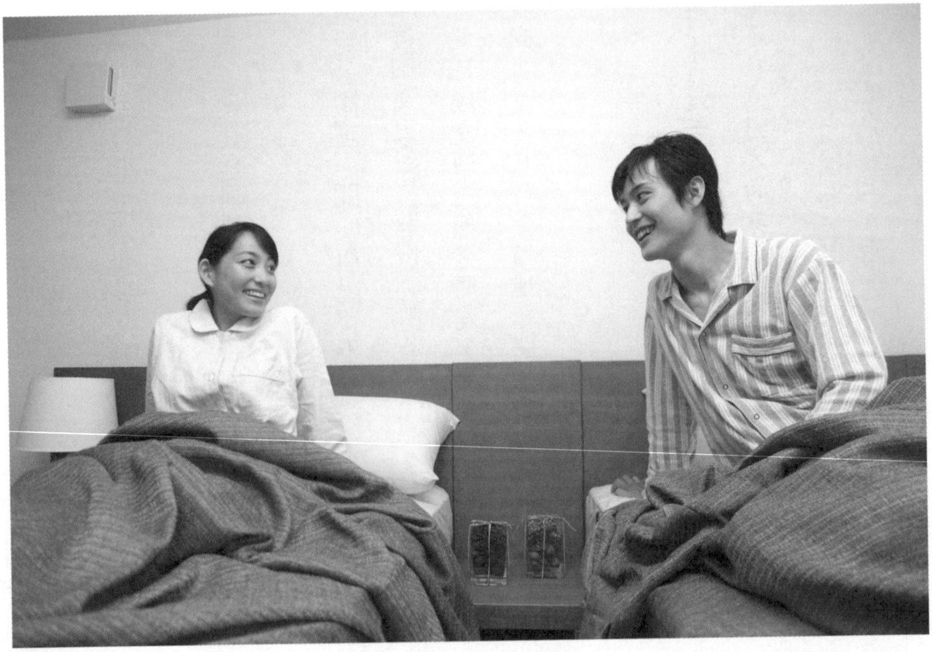

地望著沙文，沙文羞愧地低下了頭。

謊言是將兩個人的關係打破的最好方式。當妳撒下漫天大謊，而有一天突然被對方發覺時，愛情的末日也就宣佈到來。

男人比女人更難接受欺騙

在電視劇中，我們常常看到這樣的場景：女人知道自己被騙後，往往抱肩痛哭，或者撕心裂肺地質問男人爲何欺騙自己；而知道自己被騙後的男人，輕者轉頭就走，重者打女人一巴掌後摔門而去。在這一點上，電視劇還表現得較爲形象化。

女人和男人之間的差別就在於，女人看重的是感情，她們哭泣，質問男人，多半是希望男人能給自己一個解釋、一個道歉。因爲在她們內心深處，不想失去男人。而男人更看重的，則是自己的自尊心，他們無法忍受被女人欺騙。所以往往當女人的謊言被拆穿時，男人的憤怒多過於悲傷，更多的是憤然離去。

那麼，在面對問題時，除了撒謊之外，女人應該怎樣化解矛盾呢？

1.女人要秉著誠實的態度，向男人說清事實，並表達自己的歉意。只有這樣，才能讓男人的怒火稍稍平息。切忌不可爭吵，以免火上澆油。

2.要等男人的火氣稍微平息後，再做出對事情有利的、又符合事實的解釋，讓男人知道自己這樣情非得已，或者情有可原。切忌不可編造理由，隱瞞實情。

3.將事實說出來，希望兩人之間不再有欺騙。如果妳有一定合理的解釋，再加上這句話，男人多半都會原諒，與妳冰釋前嫌。

男人對女人的態度，多半取決於她對自己的忠誠程度，一些小任性、小脾氣，都能夠在男人寬廣的胸懷中被忽視。

但如果欺騙性的事情出現，男人的自尊心就會受到很大的打擊，從而對女人不再信任。因此，女人在說謊前，一定要警告自己：如果自己不想珍惜這段感情了，就把到嘴邊的謊話說出去。

愛情小心機

生活中有很多問題是講不清楚的，有必要說一些「善意謊言」時，女人也要學會靈活處理，不必事事都要說得十分清楚明白。在對待男人的態度上，也要堅持這個原則，對於一些無傷大雅的小問題，就不要去追根究底，做個聰明的「粗心」女人，這樣兩個人的生活才會更加和諧幸福。如若一味較真，眼裡容不下沙子，那麼吃虧的是自己。

第15忌

劈腿女王 腳踏N條船

與古代的「一夫多妻制」不同，現在社會，無論是愛情，還是婚姻，女人最需要的都是專一和安全感。但同樣的道理，男人在沒有了「多妻」的特權之後，同樣要求唯一的妻子或者女友能對自己專一。而事實卻不是如此。或許是覺得現在「不安全」的因素太多，一些「聰明」的女性想到了給自己的感情多留一個「備胎」，於是同時與幾個異性交往，此類型的人被稱為「劈腿族」。這樣的女性認為，多交往幾個人，相當於給自己留的後路多了，這樣安全感才會增加。這個不行還有那個，總會有一個是適合自己的。但是，無論在感情上還是生活中，每個女人首先要看清楚自己，什麼是自己追求的？什麼是自己的底線？俗語説的好，貪多嚼不爛。更何況面對不同的男人，有時女人那一點點貪婪的伎倆，卻恰好成了男人利用女人的目的。女人偶爾的感情用事，卻會造成身心永久的痛。

花心女註定與真愛無緣

所有人都渴望得到眞愛，但偏偏有些人喜歡拿別人的眞情來成就自己。比如，有一些女人就戀上了「劈腿」的遊戲。喜歡玩「劈腿」遊戲的女性都認爲自己很聰明，會用盡各種高明的手段，將幾個男人做爲自己的棋子去「玩」。然而，她們卻沒有想一想，自己的做法能達到愛情的目的嗎？腳踏幾條船的女人通常很享受這個過程，覺得十分過癮，但俗話說，紙包不住火，當被「踏」的男人知道眞相後，又有誰甘願繼續讓她們「踏在腳下」？甚至是否能容忍曾經被「戴綠帽子」呢？

孟秋生活在一座比較繁華的城市中，在別人看來，她是一個本分、勤勞的女孩。大學畢業兩年後認識了博士生宇文。宇文學識淵博，兩人很快墜入愛河。原本這可是一段美好的戀情，女孩溫柔、男孩優秀。但是，孟秋的心中卻埋藏著不安分的種子，外表文靜的她，喜歡追求刺激的生活。

果然，很快孟秋又認識了德明。德明雖然學歷比孟秋低，但風趣、陽光，很有男人味，孟秋很快就喜歡上了他，對方也有同樣的感覺。面對這兩個愛自己、自己也愛的男人，孟秋陷入了苦惱，不知該如何選擇。就在孟秋猶豫間，她發現與兩人同時交往也不會被發現，於是就得過且過地繼續下去了。過了一段時間，雖然兩個男友並沒有對自己產生懷疑，但孟秋有些厭煩在兩人之間周旋了，決定從中挑選一個。她將這兩人的優缺點列出來，進行比較。宇文相貌平平，踏實肯努力，有上進心，是那種對家庭很負責任的男人，並且他有較高的學歷，未來的社會地位和經濟條件都很看好。但他不善言辭、遲鈍、不懂人情世故，有點小市民氣，把錢看得較重；德明則相貌英俊，性格樂觀幽默，待人眞誠，人緣好，尊敬長輩，還善於烹飪，和他在一起很快樂。可是他學歷低，既沒特長，也沒什麼背景，家境一般。最後比較來比較去，孟秋都無法取捨，只好繼續將就過日子，等待進一步觀察。

紙總有包不住火的一天。與兩人交往了一段時間之後，兩個男友像約好一般，同時提出了結婚。孟秋這時才傻了眼，她沒有辦法，但又不知如何取捨。無奈之下，只得如實向兩人說出了自己心中的苦惱。令孟秋想不到的是，兩個原本深愛她的男人都離開了她。

被一個很優秀的男人愛是一種幸福，但被兩個很優秀的男人同時愛，就是一種痛苦。但即便道理如此清楚，很多女人還是讓自己陷入了這種無奈之中。在現實生活中，很多女子都有過「腳踏兩條船」的經歷，最終迷失的還是自己。那麼，女人應該怎樣才能走出這種難以取捨的困境呢？

1.端正自己的擇偶心態。看清楚自己眞正想要的是哪些東西，這些東西在哪一個男人身上具備或具備較多。

2.要捨得放棄。魚和熊掌不可兼得，上天不會把好事都給了一個人。如若實在無法抉擇，女人就應該將自己暫時想像成男友，設身處地思考：如果換成自己，會做何感想，又會有怎樣的舉動呢？得到答案之後，一定會被自己嚇一跳。如果女人不願意得到同樣的結果，就要快刀斬亂麻，趕快選擇一個合適的伴侶，並和另外一個劃清界限。

花心女比花心男更容易讓人不齒

腳踏兩條船的男人往往被人們痛恨，腳踏兩條船的女人則往往會被人們所不齒。但很多女人似乎不明白這層道理，覺得陷入三角戀中，能夠證明自己的魅力。

有的女人很虛榮，在潛意識裡，就認爲「腳踏幾條船」往往意味著自己很漂亮、很優秀、很有魅力。這恰恰表明她還處在未成熟階段，或者，她還沒有遇到自己眞正害怕失去的那個人。如果女人遇到了自己的眞心愛人，卻還要「招蜂引蝶」，那麼最終的結果，就是對自己最好的懲罰。當事情敗露時，人們投來的鄙夷，也將是一種難以平復的傷痛。

有這樣一個女孩，她天生麗質，思想也比較成熟，不但在工作上遊刃有餘，還有著良好的人緣，可謂人見人愛。而那些單身男士，更是對她朝思暮想。

很快，有三個追求者進入了她的視線。

這三個男人對她各有各的看法：一個欣賞她的美麗，認爲像她這樣懂得關愛自己的女人一定更懂得如何關愛男人；另一個欣賞她的智慧，説她是聰明女人；還有一個覺得她善解人意，辦事得體，總能在適當的時候説適當的話，做適當的事情。

三個男人的讚美把這個女孩捧上了天。爲了保持自己的優勢，女孩每天下午都去美容健身，保持美麗容顏和青春活力。同時她又努力工作，讓自己衣食無憂的同時，還能爲自己選擇老公增加籌碼。不僅如此，她還努力學習各種人際交往的技巧，以使自己顯得落落大方，高貴典雅。

而在面對抉擇時，她又失去了方向。這三個男人都很優秀，對她更是採取了窮追猛打的戰術。女孩難以取捨，乾脆奉行公開、公平、公正的原則，任他們自由競爭。

她並不隱瞞他們各自的存在，也不隱瞞與他們的約會安排，而且放話在先：一個願打，一個願挨，誰也怪不得誰。女孩雖然很瀟脫，但是另外三位男士卻並不如此。

沒有哪個男人願意與別人共同擁有一位女友。這三個男人被嫉妒之火燒昏了頭，最終選擇了用「決鬥」這種最原始的方式來決定勝負。女孩為此沾沾自喜。

但她沒想到，「決鬥」的結果是，兩個進了地獄，一個進了監獄。而這個女孩也背上了一個「狐狸精」的罵名。

就在這個女孩還在爲自己的遭遇覺得委屈之時，她竟發現，無論是男同事還是女同事，都開始繞著她走路了。

男人如果花心，人們的評價也許還會客觀一些，最多說他行爲不端。但如果一個女人被人評價爲花心，那她可能就四面楚歌、舉步維艱了。不貞、不潔、不安分成了她的形象代名詞，「不守婦道」、「水性楊花」、「狐狸精」等貶義詞也會像影子一樣跟隨著她。

無論花心的女人給自己尋找的理由多麼充分，但沒有一個正直的男人願意接受她。如果女人不想被打入「冷宮」，那麼就要讓自己保持專一，堅決不做劈腿女郎。

幸福的花兒只綻放在專一的愛情中

不專一的女人註定會被人看不起，同時也會被美好的愛情所拋棄，因此，女人至少要知道，用這種方式尋求眞愛是很冒險的。既然此路不通，就當另尋他途。與其終日周旋在幾個男人之間，弄得自己筋疲力盡，最終還是不明所以，不如採取理智的「笨」辦法：選對一個，全力出擊。

愛情最需要的不是男生有才女生有貌，也不是耳邊讓人心跳加速的甜言蜜語，更不是妳守在他身邊他就屬於妳。愛情最需要的，是悉心地經營。就像某本書中的一句話：「愛情是需要能力的，這個能力就是讓妳愛的人也愛妳。」而是否有這種能力，才是一個女人是否有魅力的表現。

都說愛情是可遇不可求的，但如果女人每遇到一個優秀的男人就邁不開步伐，那麼再美的愛情也會被她的朝三暮四所糟蹋。能遇到一個稱心如意的好男人便是上天賜給女人的最好的禮物。眞愛難得，既然遇到他，就該用心去珍惜，而不要三心二意。

愛情小心機

從表面上，愛情似乎是件十分感性的東西。但實際上，經營愛情離不開理智。一生能經營好一段感情都屬不易，更何況妳想經營很多段戀情？許多女人一生都存不下一個男人，卻總傻傻地認為自己能擁有許多男人的愛。有這種想法的女人，最好趁早打消這個念頭，用心經營自己的生活，專一對待自己的愛人。

第16忌

愛嚐新鮮
換男友比換衣服還勤

很多女人喜歡新鮮事物，不僅衣服和首飾都要買最新潮的，就連男友也要常常換新。這種做法常常讓家人和朋友很無奈，但這些女人卻自我感覺良好。只可惜總有一天，這樣的女人會嚐到自己埋下的苦果。也許是遭遇同樣的對待，也許是感情麻木，再也找不到真愛。

愛嚐新鮮，最後只能嚐到苦果

很多女人在不同的男人之間形成游離狀態，跟這個在一起沒幾天，看見一個長相不錯的，就變了心思；或者跟一個相貌好的男人在一起沒幾天，看見個多金的，又起了當少奶奶的願望。就這樣變來變去，沒有一個定性。這樣游離的結果，最終只會導致自己感情耗空。如果長期沒有確切的目標，最終的結果，往往只能是自己害了自己。

有的女人抱著遊戲人間的態度，厭倦了就換一個新男友。也有的女人說，自己之所以善變，是爲了尋求一個更好的目標。但即使如此，也不能做爲頻繁更換伴侶的理由。否則，結果很可能事與願違。

瑤瑤今年已經28歲了，從某種角度來看，她已經可以被歸爲「剩女」了。而當別人問起瑤瑤有沒有合適的伴侶時，她總是回答：「有一個正在交往的，還不知道是不是眞的適合結婚，尚在觀察階段。」如果過段時間再問她，她依然是這句話。

原因在於，瑤瑤身邊的男人根本沒有超過三個月的，但凡發現男友一點小問題，或者看見更好的，瑤瑤就搖擺不定，最後多半是甩了現任的，和新的走到一起。如此往復循環，從二十三歲一直談到二十八歲，男友換了無數，但依然沒有找到那個「眞命天子」。

有時看著同年齡層的人都建立了美滿的家庭，甚至當了媽媽，瑤瑤也會禁不住羨慕。偶爾的，瑤瑤也渴望找到一份堅定的眞愛，不再「游離」下去。但是，瑤瑤還是在每次和別人交往初期很好，一旦過了新鮮感，就有了分手的慾望。面對自己這種喜新厭舊的心理，瑤瑤也很困惑，不知道是習慣了這樣的生活，還是眞的沒有遇見那個對的人。

瑤瑤的經歷也許會得到很多女人的理解，她們都有過這樣的內心困擾，但這並不能成爲頻繁換男友的正當理由。

當然，如果在與男友交往過程中，發現彼此眞的不合適，那麼選擇分手也無可厚非。但如果僅僅是因爲自己看到了更好的，或者因爲一些小問題而分手，那麼女人就應該從自己身上好好找找原因了。是不是自己太挑剔了？或者自己還沒有一個明確的擇偶標準？如果答案是肯定的，那麼建議女人，再次遇到可能發展的異性朋友時，先不要急著確定關係，可以先以普通朋友的身分進行交往。

在初步交往中進行考察，覺得滿足了自己的條件，再進行下一步發展。這樣，即使發現對方有自己不能容忍的缺點，也不至於背上「換男友如換衣服」的惡名。

在鬧市區，有一個裝潢豪華的酒吧。每天晚上，都有一個打扮清麗的女孩子抱著吉他在台上駐唱。這個女孩子名叫心芸，雖然不屬於很漂亮的那種女孩，但有一種淡雅的氣質，十分耐看。

很多男士下班後，都會專門到酒吧來聽她唱歌。當然，很多單身男士都有過追求心芸的念頭。

但讓他們失望的是，每次心芸唱完之後，台下總會冒出一個帥氣的男人來，幫心芸拿吉他，而心芸則甜蜜蜜地挽著男人一同走了。

令人們最爲不解的是，幾乎幫心芸拿吉他的男人，每過一週就會換一個。酒吧的服務員好奇地問心芸，心芸一概說那是自己的男朋友。「妳的男朋友換得夠勤的啊，一週換一個。」服務員聽了，忍不住發出這樣的感慨。心芸聽了笑笑說：「我喜歡各式各樣的帥哥，再說了，帥的男生多著呢，一天換一個都不成問題。」看著外表秀氣的心芸說出這樣的話，周圍的人不禁咋舌。

日子就這樣過著，沒有人再問過關於心芸的事情。

有一天，心芸正在台上唱歌，一個曾經給心芸拿過吉他的男人跳上台，將一盆髒水潑到了心芸的身上，並大喊著：「妳比這些沒人要的垃圾還髒！」台下的人驚呆了，而那個在台下等著給心芸拿吉他的人，則悄悄地消失在了人群中。心芸緩過神來，逃也似地奔下了舞台。

後來，心芸再也沒有出現在這個酒吧。又過了一段日子，據知情人說，心芸嫁人了，那麼喜歡帥哥的心芸，嫁給了一個四十多歲的胖男人。

心芸的故事並不是聳人聽聞的，甚至後果更嚴重的也不在少數。

並且，即使遭遇了不幸，知道內情的人，也多半不會同情「當事女」，甚至大部分人會忍不住想，這是自作自受、罪有應得。

由此可見，那些還沒有遭遇不幸的「跳跳女」，一定要汲取教訓，杜絕這類事情發生在自己身上。

跳來跳去的後果，是跳出了「幸福圈」

世間萬事都具有兩面性。那些習慣在男人們中間跳來跳去的「跳跳女」，雖然得到了新鮮感和快感，但卻註定也會失去一些東西。至少，她們無法感受到穩定的、長久的感情帶來的默契和幸福；嚴重時，她們會玩火自焚，自食惡果。

蕭逸雅模特兒出身，身材和相貌都好得沒話說。模特兒這一行出身的，自然少不了很多有錢的老闆追逐。被一群有錢人圍在中間，蕭逸雅覺得十分快樂，她感謝上天給了自己如此美貌，讓自己在挑選男人方面有了更多、更好的選擇。

眼看著追自己的人一大票，尚還年輕的蕭逸雅，決定擦亮眼睛好好挑選一下，一定要找個多金、有才、有魅力、對自己好的男人。

那麼，透過怎樣的方式挑選呢？蕭逸雅想，只看他們追自己時的表現肯定不行，爲了得到心愛的女人，男人都會傾盡全力，對女人言聽計從，而一旦得到手了，就是另外一番狀況了。

因此，蕭逸雅想，反正自己未婚未嫁，何不與每個有實力的男人都以男女朋友的關係接觸一段時間，看他們的表現然後再做決定？

打定主意之後，蕭逸雅便展開了行動。她先是接受了一個珠寶商的相邀，成爲了他的女朋友。很快，蕭逸雅發現這個男人除了有錢沒有別的優點，他嗜酒成性，根本無法溝通。於是，蕭逸雅玩起了失蹤，走進了另外一個男人的世界。

這個男人是某名牌服裝的代理商，家底也很豐厚。蕭逸雅交往了一段時間，發現他對家庭的感情過深。蕭逸雅想，這樣的家庭結婚後肯定事情多。於是，又轉而消失了。就這樣，蕭逸雅試來試去，最後挑中了一個汽車銷售經理。與其他幾個「男友」比起來，這個不算有錢，但是其他方面條件都很不錯，形象好、爲人文雅，無不良嗜好。於是，蕭逸雅鎖定這個目標，不久便同意了他的求婚。

誰知婚後不久，蕭逸雅還正在爲自己高明的「挑選術」得意之時，忽然發現，老公的身上常常有女人的香水味，並且每過幾天，味道就會變一種。

忍耐了一段時間之後，蕭逸雅終於忍受不了了，她大發雷霆，指著老公的鼻子罵起來。

誰知老公只說了一句話：「我們彼此彼此。」蕭逸雅頓時傻了眼。

蕭逸雅犯的錯誤在於，她有些自作聰明，自認爲她的做法無懈可擊，又十分正確。但恰恰是她這種不負責任的行爲，將自己推向了痛苦的懸崖。身爲女人，一定不能只裝飾外表，而是要注重頭腦的「包裝」，對於一些事情，要進行全方位的思考。

比如，女人應該清楚地認識這一點：任何事情都是有兩面性的，自己絕對不能只看到事物有利的一面，而忘記了它也會有負面影響。

蕭逸雅的經歷，是典型的搬起石頭砸自己的腳，無論她的老公透過什麼方式知道了蕭逸雅的過去，對於蕭逸雅來說都是一種劫難。而蕭逸雅遭受的這種劫難，正是由於自己埋下的苦果所致。

遇到了對的人，就不要輕易放手

「跳跳女」之所以跳來跳去，無非有兩個原因，一是遊戲人生，沒打算付出眞感情；二是想多進行選擇，給自己挑個最好的人選。

但無論出於哪種原因，這種擇偶方式都是不可取的。純眞的女人對於男人來說是塊寶，而「閱人無數」的女人，只會成爲男人避之唯恐不及的「禍水」。

因此，對於女人來說，最好的擇偶方法就是先進行觀察，或者以普通朋友身分相處，看準了之後，再和對方進一步發展。

這樣，即使兩人最後走不下去，女人需要進行一兩次的變動和選擇，也絕對不會被冠以「頻繁換男友」的名號。

另外，女人也不能總認爲自己能夠找到更好的人，於是就馬不停蹄，一路「殺過去」。要知道，每個男人都不是完美無缺的，妳覺得他某個地方好，那麼就一定有不好的地方在等著妳發現。因此，不要只看到其他男人的好處，而應該多挖掘眼前男人的優點。遇到了對的人，就不要輕易放手。否則，也許妳今天剛剛轉身，明天他也來個「轉身跳」。那麼，如果將來妳後悔，那就沒有回頭路了。

愛情小心機

這個世界上雖然都是不完美的人，但卻能夠創造一份完美的感情。關鍵就在於自己如何看待。如果妳無力經營一份感情，就想用逃避的方式來挑選更好的，那麼結果多半是妳同樣處理不好下一份感情。這樣，妳就只能做名副其實的「跳跳女」，在不同的人之間跳來跳去，永無寧日。因此，如果遇到一份值得信賴的感情，那就投入自己的真誠，不要讓它與妳擦肩而過。

第17忌

眼光過高 看不到自己的水平線

翻翻報紙雜誌的各類徵婚廣告，我們不難發現一個普遍存在的奇怪現象，在各類徵婚者中，不乏優秀的女性，她們有車有房有高薪，相貌也不錯，卻唯獨缺少一樣東西——愛情。與普通女性相比，她們各方面的條件都佔絕對優勢，可是為什麼普通女孩都找到了自己的歸宿，而優秀女孩們反而被「剩下」了呢？難道是月老有意與她們為難嗎？其實不然，與其抱怨命運的不公，不妨先從自身找一下原因。

大多數婚姻是一場價值相當的「交易」

網上流傳的一則徵婚消息，讓中國平民女羅玉鳳成了家喻戶曉的焦點。究竟是什麼原因讓羅玉鳳成爲了眾矢之的呢？想必大家聽到這個問題都會異口同聲地說：「她太不自量力了。明明自己沒有外貌也沒有學歷，卻揚言要找完美型男，還自稱有很多優秀男士對自己展開追求。」這就是原因所在。不過，靜下心來想一想，我們在「罵」鳳姐的同時，有沒有發現，生活中其實不乏這樣的女人呢？只不過，她的表現比較極端，而成爲我們的靶子罷了。

就拿時下的熱門辭彙——「剩女」來說，有調查顯示，大部分「剩女」相對於她們的擇偶對象來說，條件的確「不太好」。

大多數女性容易犯這樣一個毛病，在徵友或徵婚時，一味強調對方的條件，而沒有將這種條件與自己進行比配。這樣做的結果，往往是男友沒找到，紅娘也被嚇跑了。因此，如果妳不幸成爲「剩女」之一，不妨反思一下自己的徵婚條件。

很多女性在擇偶時容易犯眼高手低的毛病，把自己看得過高，從而導致把徵婚條件訂得過於苛刻。

假如對方有某一方面與「標準」不符，則立刻否定。最終，這些女性只能眼睜睜看著別人成雙成對地邁向婚姻的紅地毯，而自己還在抱著所謂的「標準」戴著變色鏡「審查」周圍的男人。

安妮相貌一般，家境一般，工作也一般。二十五歲時，她交了一個男友，後來因嫌對方家境不好告吹。

每當有熱心的人問起安妮的擇偶條件，有意給她介紹男朋友時，安妮就會侃侃而談起來。她覺得自己將來的老公必須符合以下條件：大學以上學歷，年齡在二十八至三十二歲之間，身高一百七十八公分以上，有車有房，獨生子，沒有婚史，父母有退休金，且婚後不能和父母住在一起；爲人穩健瀟灑，溫柔體貼，感情專一，待人接物成熟穩重。

就這樣，在親友的介紹之下，安妮開始了漫長的相親歷程。每次相親，她都用自己的「條件」去衡量對方，但沒有一個男子能夠符合所有的條件。所以，儘管她接觸了很多男子，卻沒有找到屬於自己的「王子」。一晃，安妮已經到了二十九歲。媽媽眞的著急了，一次與女兒談及擇偶標準，她嘆口氣，語重心長地說：「不是媽媽說妳，我覺得妳訂的條件太苛刻了。妳想想，妳自己只不過是個普通的女孩子，家境一般，妳的收入也不多。妳訂那麼高的條件，人家男方誰能看上妳呢？」

哪知聽了這番話，安妮不但沒有醒悟，反而比母親還要振振有詞：「這有什麼，現在的女孩子，誰不想著嫁個條件好的男生？俗話說，做得好不如嫁得好，灰姑娘還有王子呢，我就不信我找不到『金龜婿』！再說了，如果我降低標準，讓別人怎麼看我啊？」

安妮這番話，讓母親啞口無言了。直到現在，安妮依然孤身一人，只不過偶爾去參加一個根本上並沒有希望的相親會。

戀愛和婚姻雖然不像商品那樣等價交換，但仔細想想，大多數戀愛和婚姻都是一場價值相當的「交易」。只有身分相當、家境相近、教育程度相仿的人，才能夠有共同語言、共同愛好、共同的生活圈。否則，即使兩個人在一起了，也很難快樂。試想，妳僥倖以一個平民女的身分，嫁入了豪門，過著衣來伸手、飯來張口的少奶奶生活，那麼用不了多久，妳就會覺得低人一等，或者無法和對方的家庭融合了。這說明了另外一個問題：女人並非嫁得好就過得好，而是要嫁得合適，才能有幸福的生活。

由此看來，聰明的女人應該打破自己心中過高的「標準」，用現實的眼光看待男人，同時也把自己的身心解放出來，將優勢展現給有緣的他。

條件好的男人未必就是給妳幸福的男人

女人最大的幸福，就是嫁個好男人。這個「好」是什麼標準呢？很多女人心中的標準基本都是「多金、成熟、體貼」。其實，這並非必要條件。對於不同的女人來說，這個「好」的標準應該各不相同。有些女性，自以爲找到了自己理想中的好男人，然而，當一切塵埃落定之後，卻會發現，原來「好」男人並不一定能帶給自己幸福。

菲兒是一個很出色的女孩，無論學歷、相貌和氣質，都迷倒了眾多的追求者。她精心挑選，一定要嫁一個稱心如意、符合自己心目中既定條件的男人。

後來，她如願嫁給了事業有成、溫柔體貼又很有孝心的男人偉明。

別人都以爲婚後的菲兒會十分幸福，然而婚後僅一年，菲兒就動了離婚的念頭。知心好友們勸她別做傻事，菲兒訴苦道：「早知道他是這樣一個沒有主見的人，我當初怎麼都不會嫁給他。」原來，偉明的父親在他讀國中時就過世了，母親是一位很有主見的女性，家境也很殷實。在母親的精心培養下，偉明在生活中和工作上都表現得很優秀。當初菲兒選擇他，除了看到他的優秀外，還認爲他是一個孝子。菲兒認爲，一個知道孝順母親的孩子，應該是溫柔體貼的，肯定能對自己疼愛有加。然而，婚後不久，菲兒就發現，偉明其實是一個缺乏主見的人，事事都要徵求母親的意見。

有一次，他們一起去看電影，看到一半時，偉明的母親突然打電話來說自己頭疼，偉明立即飛奔回家，而把菲兒一個人拋在電影院。而他們兩人如果在婆婆面前顯得過於親密，婆婆的臉會立即陰沉下來，或者躺在床上說不舒服。就這樣，偉明的母親在他們夫妻的生活中扮演著強勢的「主人」角色，相比之下，菲兒覺得自己在這個三口之家中根本不受尊重，甚至是提心吊膽地過日子。所以，別人都羨慕菲兒有一個溫柔孝順的老公，而她卻感覺不到一絲幸福。

甚至有時，在菲兒看來，自己的老公有些「戀母情結」。但這種事情，菲兒怎麼好意思開口向別人訴說呢？只好拿「沒有主見」來代替。而不理解的人，往往又會勸她：「父親過世，母親一個人不容易，做兒子的，當然要多聽母親一些。自己的老公如此孝順，妳應該開心才對啊。」菲兒聽了這些話，左右爲難，眞是有苦說不出。

菲兒的老公可以說是比較符合她的擇偶標準的，但婚後的菲兒依然覺得不幸福。這是因爲，嫁到這樣的家庭裡，妳的婚姻就不再是兒子娶媳婦，而是婆婆在挑兒媳婦。而一旦妳和婆婆之間的關係處理不好，最終出局的只有妳。所以，女孩子在挑男友時，一定注意，不是所有的「好男人」都能要，有些看起來特別「好」的男人，是千萬不能要的。

妳的婚姻不是商品

女人將婚姻條件訂得過高，還表現在經常會在結婚時「狠敲」男方一筆。這樣做的結果，常常是結婚後，一方迅速「致富」，而另一方則陷入「赤貧」，這無異於給小夫妻的婚姻生活埋下一顆定時「炸彈」。

婚姻不是商品，容不得褻瀆，需要雙方的共同珍惜。只要眞愛過付出過，就算婚姻沒有走到頭，也不枉走進婚姻一場。

愛情小心機

女性在擇偶時，適當的挑選是必要的，這能給自己未來的婚姻提高品質。可是過分的挑剔不但不能維持婚姻的幸福，反而會使自己錯過珍惜妳的那個人，給生活留下悔恨。因此，妳的擇偶標準一定要切合實際，並適時做出調整。

第18忌

大女人主義

處處都要佔據高地

傳統的婚姻是男主外女主內，如今，隨著社會文明程度的不斷提高，女強人越來越多。她們憑藉自己的聰明才智，在各自的領域內做得有聲有色，可謂「巾幗不讓鬚眉」。然而，她們在愛情和婚姻上屢屢亮起紅燈的現實，也讓越來越多人迷惑和嘆息。因此，奉勸各位女性，雖然妳可以在事業上和男人一爭高低，但在愛情和婚姻方面，還是應該適當示弱。

即便女人有能力比男人做得更好，但由於男人依然佔據著某些方面的強勢，所以在心理方面，男人依然認為自己是更強大的。因此，沒有男人願意在女人的身後，扮演一個弱者的角色。如果女人足夠聰明，那麼就應該懂得將光環讓給自己的男友或老公。

男人通常更願意遠觀「女強人」

女強人雖然被很多人所稱讚，但太過於爭強好勝的女人卻難以得到人們的肯定，而男人更是多半選擇遠觀這些女人。

女人太過強勢，也往往會因此影響了自己正常的生活。由於職業習慣，她們大多無法掩飾自己好強的個性，從而失去女性本身的一些特點，如溫柔、示弱、惹人憐愛等。

她們中的很多人把對婚姻的追求與對事業的追求等同起來，這種觀念的片面性使她們忽略了一個問題：本來社會中與自己旗鼓相當的男人就不多，而這些男人，又往往不願意找一個強勢的女子為妻。

因為，他們需要的，是下班之後的完全放鬆。而如果女人在公司強勢了一天還不足夠，而將這種強勢帶回家裡，那麼恐怕所有的男人都會逃之夭夭。

張惠萍是一個典型的女強人。她的職位是一家廣告公司的高級主管，每天的工作十分忙碌。為了將工作做好，她不僅付出了比別人高幾倍的努力，而且在工作時，總會拿出一副嚴肅、緊張的樣子，來敦促手下員工集中精神工作。

不僅如此，身為高級主管的她，在遇到下屬有問題時，當然也會拿出一副領導的樣子來，或幫助、或引導，有時難免也有訓斥。正是由於這種不懈的努力，張惠萍的事業甚至比很多男人做得更好。

張惠萍每天的工作緊張忙碌。早晨，她會比其他同事提前半小時到公司；晚上，別人都下班了，她還在忙著策劃方案，往往在不知不覺間，已經到了十點。週末加班更是她的家常便飯。張惠萍的男友工作也不錯，但沒有張惠萍做得努力、做得好。男友開始覺得女友比自己強些不是問題，只要兩人有共同圈子就可以了。

雖然在朋友面前，男友也會經常被張惠萍反襯得黯淡無光，甚至還有些朋友常開張惠萍和男友的玩笑，讓男友有些下不了台。但張惠萍的男友十分珍惜這段感情，總是將類似的事情快速淡忘掉。張惠萍心中也十分感激男友的豁達，決定這輩子都會和他在一起。

男友與她相戀三年後，幾次提出結婚，張惠萍都因太忙爲理由推掉了。她忙得根本無暇顧及自己的婚姻，更沒有注意到男友的日益冷淡。

原本，張惠萍想等忙過這段時間，好好陪陪男友，再商量結婚的事。但當她最初對男友承諾的「一個月」變成了現實中的三個月還沒有結果時，男友提出了分手。

男友的理由很簡單：我無法接受一個整天把工作當作一切的女人！這時，張惠萍才想到，自己似乎已經很長時間沒和他一起吃飯、看電影、聊天……上一次他們一起郊遊是什麼時候？她實在想不起來了。

更令張惠萍失望的是，和男友分手後很長時間裡，竟然沒有男人願意接納自己這個名副其實的女強人了。

張惠萍的例子表明，男人其實並不十分在意女人的事業如何。

相反，如果女人的事業心太過強盛，男人反而會產生望而卻步的念頭。

事業成功的女性之所以在婚戀市場中「疲軟」，是因爲在男性潛意識中「男尊女卑」的價值觀念仍根深蒂固。

因此，在事業上做女強人沒有錯，但不要因此而忽略了經營自己的愛情和婚姻，因爲身邊的那個男人是妳最不該忽略的。即使他甘心「主內」，但如果妳對他的付出似乎永遠沒有回報，而只是一味強調工作，這種沒有愛情或缺少溫柔的婚姻，也一定會把男人嚇跑。

聰明的女人懂得示弱

事業成功是一個人能力的證明，事業成功的女人更是令人敬佩。但是，男人對女強人的敬佩，往往帶著「葉公好龍」的意味，遠觀還可以，如果娶回家當老婆，卻是不大可能的。

據美國密西根大學斯蒂芬妮·布朗和加州大學洛杉磯分校的布萊恩·路易士教授調查發現：男人會對事業成功的女性敬而遠之，而更願意娶從事次要工作的女人。

所以，聰明的女人需要懂得以柔克剛的道理，不做愛情上的「女強人」。

葉子屬於事業有成的女子，結婚僅僅三年，夫妻兩人卻經常爲一些雞毛蒜皮的小事爭吵不休。比如，葉子嫌老公不愛乾淨，而老公則煩她凡事都愛嘮叨。

爭吵的次數多了，兩人再也找不到當初戀愛時的甜蜜，只覺得對方一無是處。這樣，夫妻間的感情變得越來越淡。不久，心灰意冷的葉子有了離婚的打算。

幸好，她的姑姑是一位深諳婚姻相處之道的心理學專家。在聽完她的敘述之後，姑姑對葉子進行了一番指導。葉子按照姑姑的方法去做，一段時間以後，他們夫妻又恩愛如初了。原來，姑姑給葉子提供的方法就是：學會示弱。

如何示弱呢?葉子向姑姑請教。姑姑在她耳邊耳語了一番。一次，當雙方發生爭吵時，葉子沒有像以前那樣一味逞強、佔上風，而是在丈夫高聲理論時，低下頭抹起了眼淚。本來準備「一較高下」的丈夫見了，立刻沒了剛才的「精神」。

他想，即便葉子有再多的不是，畢竟是個女人，自己一個大男人，整天爲點小事和老婆吵，好說不好聽。再說，她已經知道錯了，而自己也有不對的地方，還是算了吧。

葉子覺得這一招十分好用，心中不禁高興萬分。

嚐到了「甜頭」的葉子，立即把這件事告訴了姑姑。姑姑又對她加以指導，讓她能夠更好地把握「示弱」的分寸，葉子於是更明白了其中的道理。

在以後的生活中，葉子學會了恰到好處的示弱，夫妻間再也沒有爲一些家庭瑣事爭吵不休，取而代之的，是相互之間多了一份理解和恩愛。而他們各自的工作也很順利，成爲同事和朋友圈中人人羨慕的一對。

俗話說：「男人靠崇拜，女人靠寵愛。」在男人的情感需求中，需要得到配偶的肯定和欣賞，需要藉助事業的成就來建立自尊心。

因此，無論一個女人在職場上多麼強勢，回到家中，就應該學會轉換角色，把「一家之主」的位置拱手讓給妳的先生。自己嘛，只是一個「小女人」。

示弱不是懦弱，而是一種經營人生的策略，恰到好處地使用可以達到以柔克剛的效果。

如果女人不懂這其中奧妙，而將強勢從公司一路帶到家，甚至帶到朋友面前，那麼她就只能等著面臨家庭危機了。

巧做男人「背後」的女人

男人之所以爲男人，就是他有一種無法抹掉的責任感。

如果對男人進行一番社會角色的描述，那麼這段話就是最好的詮釋：「男人是家庭的梁柱，他在經濟上要成爲支柱，在生活上要使女人感到安全，給予她關懷和體貼。他喜歡女人小鳥依人，依偎在他的臂彎裡，而不喜歡她像蒼鷹，翱翔在他的頭頂。如果他感覺盡到了男人的責任，儘管付出很多，他也會非常高興。」這是一個事業有成的男人的心聲，也代表了當代男人的想法。

男人要捧，女人要哄。

如果女性在家中依然披著「女強人」的外衣，不進行角色的適時轉換，事事都要充當先生的老師，會讓男性內心產生強大的逆反情緒。

很多女人在家中強勢的理由是，覺得自己沒有錯，是男人太不講理，導致自己無法忍受才爆發。

但仔細思考一下，應該能夠瞭解到這樣一個事實：家庭不是講理的地方，而是重感情的地方，它需要營造的是溫馨和浪漫的富於情感的生活。

因此，回到家，女人要脫下「強者」的職場外衣，學會裝傻、示弱，甘心做一個「小女

人」，從而給他足夠的自尊，也給他一個展示自己的舞台。

如果妳是一個聰明的女人，那麼就請把更多的光環留給男人，而把自己隱藏在光環的背後。別認爲這是自己的一大損失，其實這恰恰是女人智慧的表現。失去這些東西的同時，妳將得到更多，包括丈夫更多的愛、和諧的家庭。

試試吧，妳一定會有意想不到的收穫。

愛情小心機

婚姻是否和諧，關鍵在於夫妻之間的配合是否有默契。有些女性選擇以犧牲生活的幸福做為事業成功的代價，當然無可厚非。但如果想避免事業與家庭的衝突，女強人就應該學會彈性轉變角色：職場中做呼風喚雨的「白骨精」，家庭中甘做小鳥依人的「狐狸精」，家庭決策尊重配偶意見，工作問題多向先生請教，處處給足男人「面子」。

第19忌

不知進退
撒嬌、發嗲拿捏不準

男人喜歡什麼樣的女人？當然是會撒嬌的女人：因為女人撒嬌是生活的調味品，也是征服男人的殺手鐧，更能激發男人的愛。那些會撒嬌的女人最美麗，總是特別有女人味，舉手投足之間，讓男人為之心動不已。

可是，撒嬌雖是女人對付男人的一大高明手段，但是也要講究一定的方式。不同的情況有不同的技巧及方法，正如脾氣不可以亂發一樣，女人撒嬌也要適度。撒嬌太少，男人會覺得女人沒情趣：撒嬌太多，又會令他漸漸麻木甚至厭煩：在不適當的時候撒嬌，更會令人反感，弄巧成拙。

該撒嬌的時候，不要總是一臉正經

撒嬌可謂女人的必殺技，任何男人都難以抵擋女人的「嬌氣」。漂亮的女人不一定制服得了男人，但會撒嬌的女人卻是男人的「剋星」。

撒嬌是女人的殺手鐧，再堅強和勇敢的男人在女人的嬌聲嗲氣中都會舉手投降。雖然女人的撒嬌男人一眼就能看穿，但他卻心甘情願地被「俘虜」，這就是撒嬌的「殺傷力」。

然而，很多女人不懂得這其中奧妙，即使在該有些小情調的地方，也總是一板一眼、一臉正經，讓男人感受不到自己被依賴的地位，同時也感受不到女人的溫柔。

時間久了，彼此之間就會產生隔閡。而撒嬌，則是消除隔閡、拉近感情的絕佳手段。聰明的女人，就要學會撒嬌，學會在適當的場合，在輕聲軟語之間，讓男人拜倒在自己的石榴裙下。

會撒嬌的女人，支使起男人來，簡直易如反掌：「老公，幫我拿包包嘛，你看人家的小手，都勒出紅印了。」是啊，老婆這麼嬌柔，誰忍心把她的小手勒紅了——男人肯定這樣想。

「老公，我累了，你去做飯吧，求求你了！」那位被支使的男人即使再累，也會樂得走進廚房，使出渾身解數爲她烹煮出一頓大餐。

但反過來，如果女人橫眉瞪眼衝男人吼一句：「趕緊做飯去，我也上一天班了，憑什麼伺候你！」完了，肯定又會是一場硝煙四起的家庭戰爭。一樣的話，透過不一樣的方式表達出來，效果截然不同。

會撒嬌的女人，總能讓男人心甘情願地奉獻，而且渾身似乎總有使不完的力氣。

有一位男士這樣描述自己妻子的某次撒嬌：

婚前，老婆總誇自己身體非常健康，並說是「百病不侵」，可是誰料婚後她經常是頭痛，腳痛、肚子痛……反正身上能痛的地方都痛過了。

就拿上週末晚上來說，我正在客廳裡看電視，她在寢室收拾髒衣服。

這時，她突然跑過來說肚子疼得不行，見她眉頭緊鎖的樣子，我一下緊張起來，準備扶她到醫院去，她卻死活不肯，說到床上躺躺可能就好了。

後來我把衣服洗完後去看她，才發現她正躲在被子裡笑到不行，見此情景我大呼上當。

然而，我的心裡卻對她沒有絲毫責怪，相反，我更加喜歡這個愛使壞、愛撒嬌的調皮鬼。

愛過的人都有這樣的體會：在相愛的人之間，撒嬌其實就是生活的調劑品，有人撒嬌生活才會和諧，充滿情趣，愛人之間如果沒有一方的撒嬌，另一方的寬容欣賞，彼此嚴肅地生活難免使人乏味。

沒有撒嬌的愛情，就像沒有調味品的菜，即使看上去再光鮮，食之也是無味的。

漂亮的女人可能會有一時的吸引力，但會撒嬌的女人，則有把男人纏住一輩子的魔力。

在男人看來，會撒嬌的女人總是特別有女人味，一舉手一投足之間，總會讓男人爲之心動。

所以說，撒嬌是女人最重要的一個「法寶」。如果妳希望永遠得到男人的寵愛，那麼就要牢記撒嬌這個絕招。不時拿出來用一用，妳會有意想不到的驚喜。

把握火候，別讓撒嬌演變成「撒潑」

女人撒嬌是好事，能夠潤滑兩人之間的感情，得到男友或者老公更多的疼愛。但是，並非所有情況下都合適撒嬌。

如果場合選擇不當，撒嬌不但不能收到理想的效果，還有可能給彼此帶來莫大的麻煩。正所謂物極必反，凡事不要做得太過，撒嬌也一樣。女人向男人撒嬌，無非是希望透過行動或語言讓對方來重視自己。如果他已有所表示，女人應當見好就收。

如果不知進退，偶爾爲之男人可能還能接受，但若太過分，只會認爲妳難伺候，久而久之他便會不做出任何反應。

所以，撒嬌要講究火候。而最明智的撒嬌，就是懂得收放自如、適可而止。

曼舒是一個招人疼愛的女生，加上她嬌小可愛，不時就會撒撒嬌，哄得男友對她寵愛萬分。曼舒也發現，無論兩人吵架也好、男友心情不佳也好，只要自己一撒嬌，氣氛立刻就能變得愉快起來。於是，她樂此不疲，經常撒嬌來討男友歡心，也換得自己開心。

但有一次，曼舒撒嬌撒錯了地方，導致兩人之間不可挽回的局面。那天，曼舒和男友一家在飯店用餐，由於人多比較熱鬧，男友的父親就多喝了幾杯，不知不覺喝醉了。

飯後，男友提出要送父母，讓曼舒坐計程車回家。曼舒心中有些不願意，撒著嬌說：「不嘛，不嘛，我就要坐你的車，我不想一個人回家。」男友聽了臉上立刻有了不悅的神情。

但曼舒似乎沒有察覺，依然當著男友父母的面，不停地拉著男友的衣袖撒嬌。男友臉色越來越難堪，最後無奈，只好攔了一輛計程車，讓父母坐車回家了。

男友護送曼舒回家後，便藉口有事匆忙走了。誰知這一走，曼舒就再也沒見過男友，只收到他發來的一條簡訊：「對不起，我覺得妳還沒長大。」

曼舒的故事就是一個撒嬌過了頭的例子，她不懂得何時該收斂，不分場合地一味撒嬌，不僅讓男友感覺到她的不懂事，還使得男友在父母面前出了醜。

男友那句「我覺得妳還沒長大」，其實說得並不過分。

除了要區分場合之外，另外一些條件也是必須要考察清楚。

比如，聰明的女人也要知道，撒嬌是有前提的，那就是男友或者老公是眞心實意愛她寵她。如果兩個人缺乏感情基礎，那麼撒嬌無異於唱獨角戲，沒有任何意義。

柔情似水的女人，深諳撒嬌之道，所以才顯得風情萬種，楚楚動人。通常情況下，男人都喜歡一回到家就看到一個乖得像貓一樣的女人，這樣一個小鳥依人的小女人，男人是捨不得罵一句也不忍心違她的意的。

撒嬌也是一門學問。喜歡撒嬌的女人很多，但會撒嬌的女人卻很少。

如果撒嬌「撒」不好，就會變成撒野，那可就大大的不妙了，因爲沒一個男人會喜歡撒野的女人。只有撒出品味、撒出溫柔、撒出浪漫、撒出實實在在的嬌氣，才是男人最受用的。

察言觀色，他需要安慰的時候就要收起「嬌氣」

會撒嬌的女人讓男友或者老公開心，也讓自己感受到無比幸福。在公眾場合表現得溫柔賢慧，百依百順，不僅給足了男人面子，也引來眾多羨慕和嫉妒。

這樣一來，男友或者老公就會感到自豪，自然也很感激她，把她捧在手心裡。反之，如果女人不顧場合只知一味地撒嬌，只能給自己惹上麻煩。

劉媛媛是一個很會在男友面前撒嬌的女孩，她篤信「會撒嬌的女人最幸福」這個道理。

和男友吳南峰在一起時，劉媛媛在說話時總愛把聲音刻意弄得嗲聲嗲氣的，而這招果然屢試不爽，每次都會把吳南峰迷得神魂顛倒，對劉媛媛言聽計從。

一次，吳南峰所在的公司舉辦了節日晚宴，他便帶劉媛媛一起參加。宴席上，吳南峰和同事們高興地聊著天。

劉媛媛覺得自己受到了冷落，很不高興，在吳南峰給她夾菜時，她突然大叫一聲：「討厭……」若在平時，吳南峰一定會立刻想辦法哄她開心。

但這次，吳南峰的臉色很不好看。

劉媛媛並沒有就此甘休，還是旁若無人地對吳南峰說：「我不吃這個！」她噘著嘴，臉繃得緊緊的，身子在座位上扭來扭去。

吳南峰臉色鐵青，感到自己在同事面前失了面子，便與劉媛媛大吵了起來。兩個人越吵越凶，劉媛媛不顧吳南峰同事的勸阻，哭著回家了。這次晚宴也被她弄得大家都很尷尬。

第二天，吳南峰說要出差幾天，劉媛媛信以爲眞，可是過了半個月了也不見吳南峰的影子，連個電話也沒有。

劉媛媛著急了，到公司一問才知道吳南峰根本沒有出差，而是在躲著自己。劉媛媛哭得如同淚人一樣，她不明白，爲什麼平時只要自己一撒嬌，吳南峰就會乖乖就範，可是這次卻不行了呢？

撒嬌是生活中的佐料，情感中的營養，夫

妻間的潤滑劑，可是它不能不分場合地隨便使用。一旦使用不當可能增加的不是情趣與樂趣，而是厭惡與無奈了。

一般來說，撒嬌屬於兩個人之間的情趣，大多發生在私底下，公開的調情只會讓人側目，因此應當適可而止。

愛情小心機

撒嬌是女人對付男人的「武器」之一，也是一門學問，要講究使用的火候。如果愛情是杯咖啡，那麼撒嬌就是方糖，不放會苦，放多了會膩，放與不放，看自己的口味；如果婚姻是道菜，那撒嬌就是味精，不放沒滋味，放多了會澀，放多放少，經驗會告訴妳。

第20忌 如膠似漆 我的世界只有他

戀愛時，兩個人往往喜歡膩在一起，二十四小時相對也不會厭倦。但結婚後則恰恰相反。日常婚姻生活中常會出現這種情況：妻子總希望丈夫能陪在自己身邊，可是丈夫並不願意。雖然妻子給了丈夫一個溫馨的家和全部的柔情，但丈夫仍感不快。相反，他會感到空虛、無聊，妻子黏得越緊，丈夫的這種感受就越濃。甚至不少男人因此患上「恐婚症」。很多女人認為，夫妻間就應該不分彼此。其實，這是一種錯誤。俗話說：「距離產生美」，男人天性好動，如果女人看得太緊，使男人失去了自由和空間，男人即使不「死」，也會變得毫無生機和活力，夫妻間也會因此失去往日的溫馨甜蜜。

距離可以產生美，堅持「半糖主義」

有句很有爭議的話叫做：「距離產生美。」很多人信奉這一點，但也有很多人認爲，距離並不能產生美，只會產生隔閡、背叛和疏遠。爲此，很多女人爲了不讓「美」消失，就乾脆不讓自己和丈夫之間產生距離。有專家指出，其實和男人一樣，女人都有很強的獨佔慾，特別是新婚時，會要求丈夫遵循自己的喜好。然而，男人是多元、理性的，他們有自己的愛好，不可能二十四小時都以妻子爲中心。聰明的女人應該懂得讓男人有一塊「自留地」，讓他有輕鬆、愉悅的感覺。而女人也應給自己留出自由的空間，多享受自己的生活，那樣男人會反過來圍著妳轉。因此，聰明的女人，就不應該讓自己和丈夫太過親密無間，而要適當保持一些距離，堅持「半糖主義」，表現恰到好處的恩愛，如此方能細水長流、愛情永駐。

淑芬是一個聰明而漂亮的女孩子，在工作上表現得十分優異，總能將別人做不好的事情處理得井井有條。然而，她能夠處理好工作中的繁雜事務，卻處理不好自己的感情，經常因爲與老公的分歧而痛苦不已。

淑芬的老公李珀明是一個事業心強、且朋友眾多的人，所以有時難免會忽略淑芬。但他每天都會抽出一些時間來陪妻子，如果有事晚歸，也會即時打電話通知她。然而淑芬並不滿足，她認爲愛就要愛的徹底、透明，對彼此不應該有任何保留，她要參與李珀明的任何事情，不是要求和李珀明一起去見朋友和客户，就是不讓李珀明去公司外的第三個地方，下班後必須直接回家。

最初，李珀明對於妻子的這種行爲表示理解，認爲她是太過在乎自己，是她愛自己的表現。因此，在淑芬的要求下，李珀明經常會扔下客人或朋友匆匆離去。可是時間一長，李珀明就煩了。這樣不僅耽誤工作，而且讓李珀明和朋友疏遠了很多。

終於，矛盾在累積到一定程度之後就爆發了。

一次，淑芬又在老公應酬的時候故技重演，一定要讓李珀明回家。然而，這次李珀明只給她回了個電話，告訴她自己回家的時間後就關了手機。淑芬打不通電話，整個晚上在家坐立不安，等李珀明回家後，淑芬大哭大鬧。李珀明開始還解釋，後來就置之不理。淑芬一時進也不是，退也不是，不但十分尷尬，還將兩個人的關係弄得很緊張。

其實，淑芬心裡十分明白，李珀明只是和朋友、客户在一起，沒有背著她做不該做的事情，但淑芬似乎就是無法忍受李珀明出現在沒有她的地方，和別人一起娛樂。這種強烈的佔有慾，讓淑芬變得有些神經質，也親手讓丈夫與自己對立了。

這樣的事情在生活中並不少見，很多女人不但在蜜月期黏著丈夫，甚至在結婚一兩年之後，仍然要求丈夫寸步不離地守著自己。除了上班之外，丈夫必須在家裡，或者在回家的路上。這種過分的親暱，往往讓男人心生畏懼，而不再覺得是一種甜蜜的享受。有一句話說得好，女人存在的意義，不是爲世界助長雄風，而是向生活注入柔情。這句話值得每個女人反思。聰明的女人，不但會愛，還要懂得如何輕鬆快樂地去愛，並且懂得適時放手，給男人暫時離開「服務區」的自由。同時，她們也知道要努力經營好自己的空間，活出自己的個性，而不是成爲男人身上的「配飾」。

寸步不離的愛情容易讓人窒息

在愛情中，女人往往太過投入，而要求男人對自己寸步不離。在女人看來，寸步不離是男人對自己愛的表現。因爲男人愛自己，才捨不得離開自己。其實，女人的這種想法本身就是一種錯誤，愛情也需要呼吸，兩個人黏得太近，如同連體嬰一般，會讓人失去自我，尤其會讓男人覺得失去自由感。健康的愛情，應該是彼此存在心中，盡量抽出時間常見面，但一定要有彼此正常的生活圈。正如那句話所說：「飲食不知節制，身體會出毛病；感情不知節制，婚姻會出問題。」

很多人都聽過這樣一個關於刺蝟的故事：

森林中，有兩隻刺蝟凍得發抖。為了取暖，牠們只好緊緊地靠在一起，卻因為忍受不了彼此的長刺，很快就各自跑開了。

可是天氣實在太冷，牠們又想要靠在一起取暖；然而靠在一起時的刺痛，又使牠們不得不再度分開。就這樣反反覆覆的分了又聚，聚了又分，不斷在受凍與受刺兩種痛苦之間掙扎。

最後，兩隻刺蝟終於找出一個適中的距離，可以相互取暖而又不至於會被彼此刺傷。

戀愛或者婚姻中的男女就如同兩隻刺蝟，每個人都有自己的個性，硬要黏在一起，時間久了必然會出問題。可是很多女人卻看不到這一點，爲了男人不惜犧牲自己的社交活動和興趣愛好，整日圍著男人轉，這種沒有節制的愛結果只能是把男人嚇跑。誠如作家柏楊所說：「社會是一個戰場，家庭則是一個堡壘。一個男人每天都要走出堡壘，和社會作戰，受打擊，受折磨，以及受種種痛苦，回到自己的巢穴，伏地喘息，伸舌舐傷，以便明天繼續再戰鬥。如果這堡壘巢穴是溫暖的，誰不願回去？」

現代社會中，已經不再流行整日跟在男人背後的小女人。女人正在做爲一個獨立的個體，參與社會的競爭中。即使身爲女人，也應當把眼光放得長遠一些，去發展一些自己的愛好、特長與興趣，在事業中尋找屬於自己的一片天地，而非只侷限於婚姻本身。當女人在婚姻裡能夠保持自我，不被婚姻束縛時，男人反而會迫切地渴望成爲妳生活中的一部分。聰明的女人應該懂得給男人一個自由呼吸的空間，男人天生比女人好動，不給他自由，鮮活將化做乏味。很難想像，一個沒有了活力的男人還能有什麼前途。

愛情就像下棋，妳退他就進

很多時候，愛情其實就像下棋，有人退，就會有人跟進。只不過，在下棋時，退似乎是輸的預兆；而在婚姻與戀愛關係中，懂得退的人才是有大智慧的人。日本一位學者在他《緣分的科學》一書中，曾這樣精彩地比喻過：「夫妻關係猶如河中的兩根柱子，間隔越近，在兩根柱子之間張網捕魚就越容易，但收穫卻少。反之，柱子拉開一定距離，在其間張網捕魚雖然不易，但收穫卻能很大。」由此可知，「零距離」會減弱了夫妻間的吸引力，要想使兩個不同的獨立體關係更融洽，那就需要保持適度的距離。

結婚後，夫妻兩人整日生活在一起，每天重複著同樣的生活，久而久之雙方都感覺乏味，爲一些生活小事難免不發生爭吵。同時，兩個人慢慢地就會由熟悉而生厭倦。羅曼·羅蘭說：「一朝別離，愛人身上的魔力更加強了。」可見，偶爾人爲製造一些距離，反而會增加雙方的感情。當然，這種別離要適度，長時間的分離會沖淡夫妻感情。

美國學者尼娜·歐尼爾和喬治·歐尼爾夫婦合著了一本書，名爲《開放的婚姻》，他們在書中告訴讀者：「在婚姻生活裡，每個人都需要有一些空間，不只是物理的空間——像有一個小房間，可以把自己關在裡頭；還有心理的空間，心理的空間可以假想爲一個人心理上的小房間。沒有這個空間，人不可能成長，如果沒有成長，即使感情最好的夫婦最後也會彼此厭倦。」

夫妻的自我空間還應包括保持各自的朋友，各自的興趣愛好。如果婚後失去了以往的朋友，那就意味著失去了自己的世界。

愛情小心機

很多女人總以為夫妻之間應該親密無間，不能有半點私人空間，否則就是對感情的不忠。豈不知，這樣過分控制男人，只會讓兩個人失去新鮮感和歸屬感，各種矛盾也因此產生。愛本身沒有錯，但愛的方式有錯，就是女人最大的錯誤。因此，聰明的女人應該懂得，多給男人一點空間……這樣你不僅不會失去他，反而會贏得一生的真愛。

第21忌

過於戀舊 沉浸在過往中無法自拔

在這個自由戀愛的社會，很少有人能將初戀發展為一生的婚姻。很多時候，我們往往是在愛情中尋覓、探索，幾經嘗試之後，才能找到那個最適合自己的人。因此，很多女性都曾有感情受挫的經歷。不同的是有的人透過各種方式盡快擺脱了那段傷痛，開始了新的生活，有的人則沉浸在過去的情史中久久不能自拔。已經逝去的風景，就不應該再過於留戀。女人一度為過去哀傷、遺憾，除了勞心傷神之處，沒有一點益處。如果妳認為失戀就是致命的傷害，那誰也救不了妳。但換個角度看問題，一切自會豁然開朗。正如英國大文豪莎士比亞所説：「聰明人永遠不會坐在那裡為他們的損失而哀嘆，卻用情感去尋找辦法來彌補他們的損失。」聰明的女人也應該知道，美麗風景永遠在遠方，往事只留在記憶深處，而愛永遠只屬於有勇氣的人。既然錯過了太陽，就不要再錯過月亮和星星。

活在當下，不要為打翻的牛奶而哭泣

一杯牛奶打翻了，灑落一地，已經不能再喝。如果一味看著它嘆息，那麼妳失掉的就不僅僅是一杯牛奶，還有幾分鐘的快樂。

生活總是充滿了太多的不如意，我們應該以一種平和的心態接受它們。失戀並不可怕，可怕的是長時間生活在失戀的陰影中。

這樣的女性，只會因過去而耽誤了現在和未來，讓自己生活得更加痛苦。

不要爲打翻的牛奶哭泣，因爲它已毫無意義。

在《理性與感性》中，瑪麗安失戀後悲痛欲絕，她對母親說：「我世面見得越多，越覺得我一輩子也見不到一個我會眞心愛戀的男人！」爲此，她差一點送掉性命。但是在姐姐的幫助下，她變得理智起來，用行動否定了自己的「格言」。

她發現自己可以接受新的愛情，擔負起新的義務。後來，她把整顆心完全獻給了丈夫，過著美滿幸福的生活。

失戀是一件痛苦的事情，沒有人願意去經歷。

但世事常常有違人意，也許換個角度，失戀是一種解脫，是結束錯的、開啓對的一個新起點，或者，失戀只不過是豐富妳多彩人生的一次經歷而已。

很多時候，女人會被失戀所傷，身在其中難以自拔，但是跳出來或遠距離的看它才能品味出人生的滋味。

阿芹是一個長相清秀亮麗的女生，但卻有一顆不怎麼清醒的戀愛頭腦。

在一次聯誼會上，阿芹愛上了自己的校友——東南。

東南是一個很瀟脫的男生，受到很多女孩的喜歡。他發現阿芹也暗戀自己之後，就向阿芹示好，兩人很快在一起。

然而，阿芹很快發現，東南並不像自己一樣認眞，他依然會和其他喜歡自己的女生一起吃飯、打情罵俏。阿芹睜隻眼閉隻眼，只是沉浸在自己幻想的美滿愛情中。

就這樣，阿芹越陷越深，陷入一個並不那麼愛自己的男生的虛擬世界中。令她意想不到的是，東南很快就向她提出了分手，理由是她太喜歡黏自己，讓自己沒有了自由。

阿芹苦苦哀求，東南卻絲毫沒有動搖。

和東南分手後，阿芹一度陷入了痛苦之中。

她茶飯不思，從超市買來一個透明的玻璃瓶，以及很多彩色的折紙。阿芹將這些折紙都寫上東南的名字，然後每天坐在桌子前，將這些紙一張張折成愛心。

就這樣，阿芹消沉地過了幾個月，每天只回想和東南在一起的日子，甚至家人叫她都充耳不聞。玻璃瓶塞滿了折好的愛心後，阿芹打電話將東南叫了出來，懷著最後一絲希望將瓶子交給東南，以爲自己的癡情能夠打動他。

然而，東南只看了一眼，便冷漠地告訴阿芹，不要再找自己了。

阿芹傷心欲絕地回到家裡，關上房門，越想越傷心，竟然拿出刀片，在自己的手腕上割了下去。所幸的是，阿芹的父母及時發現，將她搶救了過來。

阿芹的事例並不少見，自古以來，不知多少癡情少女，因爲失去了心愛的男人，想不開而尋短見。甚至在接受了高等教育的女大學生中，也不乏這樣的「癡情女」。

常常聽說某個大學，某某女生因情跳樓、因情自殺。

大多數人聽到這樣的消息時，最大的反應並不是對這類女人的同情，而是一致認爲她很傻。

不愛就不愛了，不能守護在身邊的男人，根本不值得女人爲他做任何傻事。一時的頹廢、短暫的傷心都是釋放悲傷的方法，但自殺絕對不能被人們所理解和接受。

更何況，這樣的做法是傷害了自己的家人和朋友，是對家人、朋友的極度不負責任。

愛情可遇不可求，有緣則聚，無緣則散。

沒有愛情的時候，女人應該多充實自己，多培養興趣，多參加團體活動，不斷提升自己的價值，在活動中展示自己的「發光點」。

時機成熟，妳的緣分自然會來。

請相信，當妳笑對生活的時候，愛妳的那個人也在某個視窗看著妳。

回憶，即是回不去的記憶

當女人和男人分開時，他們之間所有的恩怨、是非，以及甜蜜、情誼，都變成了回憶。所謂回憶，就是回不去的記憶，最好的做法就是放飛風中，任它隨風而去。或者埋藏在心底，偶爾拿出來「翻閱」一下，溫習一下自己曾經美麗的歲月。

最忌諱的是，女人將自己的舊愛掛在嘴邊，沒完沒了地悲悲戚戚。甚至會發揚矢志不渝的精神，一直將心拴在舊愛身上，看不到眼前其他的風景。

更不值得提倡的做法是，有些女子爲了表明自己的眞誠，常常把前男友掛在嘴邊。豈不知，這樣做的結果卻是倒了現在男友的胃口，可謂傷人傷己。

浩文是一位不折不扣的帥哥，女友靈靈也是個愛說愛笑的可愛女孩。然而，兩人剛交往沒多久，浩文就和靈靈分手了。

原來，靈靈和浩文在一起時總是念念不忘以前的男朋友。

比如他們一起逛街時，靈靈會說：「我和他第一次也是在這裡見面的。」吃飯時也是，靈靈總會告訴浩文：「我和前男友也在這裡吃過飯，他還專門點了我最愛吃的珍珠丸子……」總之，無論做什麼，她都會自然而然地提到前男友。如果浩文不打斷，她可以一直說下去。靈靈以爲，既然愛他，就應該對他毫無保留，而她也的確做到了。

起初，浩文覺得靈靈這樣做是可愛活潑，天眞無邪，時間一長，感覺就有些不自然了。他覺得自己好像一直生活在靈靈的前男友的影子裡，似乎自己哪裡都不如那個男孩好。浩文越來越壓抑，甚至一聽到靈靈說出「前男友」三個字，他就會產生針刺般的感覺。因爲他根本不想知道有關「前男友」的任何事，尤其是細節的事，而在靈靈告訴了他之後，他卻想忘都忘不了。

無奈之下，浩文只得向靈靈提出了分手，靈靈卻驚訝地張大了嘴巴。

案例中的女孩，眞的是有些過於「天眞無邪」，她沒心沒肺地將前男友掛在嘴邊，絲毫沒有考慮到現任男友的感受。

其實男人最忌諱的，就是聽到自己女友和前男友的事情，那是對他自尊心的一種打擊。聰明的女人，就應該將自己的前男友完全「忘掉」。

過去的事，無論對錯，都不該過多地提及。

女孩子如果眞的很重視現在的戀人，可以適當對他提及過去的戀情，但切忌戀舊太深。那些舊戀再好，也已成爲往事；那些曾經的戀情再浪漫溫馨，也已經不可能再來；那些曾經的戀人再可人可心，都是曾經重重地傷害過妳的人，而且很可能人家已經琵琶別抱，妳又何必念念不忘？要知道，妳面對的是現在的生活，而不是回憶。

抖擻精神，開始一段新旅程

戀舊對於感情來說，證明妳感情較專一。但戀舊只會讓妳活在過去，限制了妳目前的發展。

因此，女孩子要學會釋放自己，盡快走出過去的纏繞，迎接新的挑戰。走到有光的地方，才能看到自己的影子，把妳優秀的一面盡情表現出來吧，有道是天涯何處無芳草，何必單戀一枝花。

無論你們的感情曾經有多深，既然已經分手，就應該學會放手。時間能改變一切，不要讓記憶佔據妳的生活，過去了就讓它過去吧。就像邱吉爾說的：「永遠爲了現在和過去在那裡糾纏不清的話，那你很可能就失去未來。」

過去已不屬於妳，而未來卻眞眞切切是妳的。過去的戀人未必就是最好的，只是妳在心裡將他美

化了，所以使自己落入了「得不到的才是最好的」那個窠臼，作繭自縛，自築心牢，把自己牢牢地捆綁住，根本不想走出來。

有時候，痛苦的經歷，是人生的一種財富。一帆風順的人生，一見鍾情的戀情，反而是一種乏味。一個男人如果說不愛了，就不會回頭了，所以女孩子要忘記過去所有你們之間的故事，就當妳欣賞了一處美麗的風景。其實，人生就像一場旅行，重要的不是目的地在哪裡，而是沿途的風景以及妳看風景的心情。畢竟，生活還在繼續，瀟灑地揮手告別過去，妳才能坦然地迎接新的開始。

爲失戀所困的女人，請不要再爲過去傷心難過，因爲那裡找不到眞正愛妳的人。那麼就請走出來，從舊戀的心牢中破繭而出，才能到新的情海中揚帆起航，循著緣分的軌跡，找到妳命中註定的那個人。

愛情小心機

每個女孩都希望自己的愛情能夠幸福久遠，然而失戀的故事卻不時在上演。愛情的觸礁往往會使那些感情脆弱的女孩陷入痛苦而不能自拔，甚至因此對愛情和生活失去信心。可是，女孩們要明白，妳失去的只是一段戀情，而不是自己。

第22忌

重色輕友

眼裡是他，還是他

當一個人從單身狀態突然變成某人的戀人時，自然會使自己的交際圈發生一些變化。以前是和家人、朋友在一起，而戀愛後，大部分時間都給了戀人。生活中，不少人都會犯「重色輕友」的毛病，女人則尤為嚴重：與男友熱戀時便從自己的朋友當中「蒸發」，當失戀或是和男友嘔氣時卻又突然從「地下」鑽出，不停地給朋友們打電話，可憐兮兮地找她們陪自己聊天、購物或唱歌：是啊，女人在失落時，還有什麼能比朋友的安慰更貼心呢？然而，妳是否想過，對於朋友來說，妳的行為是不是太自私了？

站在家人和朋友的角度想，妳的突然轉變可能會讓他們感覺空蕩、失落。和愛情一樣，友情有時也很脆弱，屬於「易碎品」，妳一不留神就有可能打碎它，或者造成裂痕。所以，戀愛中的女人要學會在愛情與友情之間平衡和兼顧。因為，與朋友在一起時的那種自由，和與男朋友在一起的感覺是完全不一樣的。

戀愛也需友誼來「支撐」

每個女人都有幾個「閨中密友」，平日一起聊天、一起逛街、一起分享打扮心得。幾個女人泡在一起，不亦樂乎。然而，一旦女人戀愛之後，就多多少少冷淡了「閨中密友」，而將大部分時間放在與戀人的甜蜜相處中。甚至想念自己的姐妹時，只要男友一叫，就毫不猶豫地跟他走了。戀愛中的女孩應該去享受愛情，但不要做愛情的奴隸。要知道，自己的生命不是愛情的抵押品，所以妳應該有自己的生活圈、朋友圈，有自己的主張。戀愛中的雙方應適度地給對方一些自由，這樣才會給愛情增加「潤滑劑」。

任何人的世界中都不是只有愛情，女人同樣如此。因此，女人不要把有限的精力全部投注到愛情中，而應該開闊自己的視野，畢竟，妳有自己的工作、自己的朋友、自己的人生價值，這些也是妳生命中重要的東西。愛是自主的，適當的自由不等於背叛，女孩們，千萬不要愛得迷失了自我。

有些女孩並不屬於「唯愛情獨尊」的類型，她們希望有自己正常的生活。但是她們的某些男友卻總是希望，女友能將全部的精力放在自己身上，並且會對女友的行動加以干涉和監控。如果妳的男友喜歡二十四小時「監控」妳的一切，或者希望妳一直陪在他身邊，那麼，妳應當冷靜下來想想，自己是否還是一個有獨立思想和人格魅力的女子？是否還有自己的成長空間？如果他真的愛妳，應該學會尊重妳，而非將自己的思想強加在妳身上。如果他是一個不管妳的意願而只以自己的喜好爲中心的人，那麼，他是否值得妳託付終身？

朋友才是和妳「天長地久」的那個人

有一首老歌的名字叫做「友誼歷久一樣濃」，讚頌的是人間長久、美好的友誼。的確，相比友誼來說，愛情是不確定的，分手是戀人間常有的事。如果有一天，男友離妳而去，一直沉迷在兩人世界裡的女孩就會覺得像被整個世界拋棄了一樣，她所承受的痛苦遠遠要比那些還擁有友情、親情的人大得多。所以，戀愛中的女孩們，在經營好愛情的同時，一定不要忘了自己的朋友、親人、工作……因爲，這些同樣是妳生命的一部分。

並非愛情不會天長地久，而是愛情充滿了變數，相對於愛情來說，家人的愛、朋友的愛，是很難變質的。因此，家人和朋友也需要女孩用心珍惜。對於要好的朋友，雖然妳不必和她們天天見面，但妳總是會在最失落、無助的時刻想到她們，渴望著她們能夠及時出現。妳不會時時想起她們，但卻永遠也不會忘記她們。因爲，朋友永遠是妳心靈深處的港灣。

詩涵二十出頭，性格開朗，愛結交朋友。無論什麼節日假日，詩涵身邊總有一大群朋友。業餘時間，她經常和朋友們三五成群地外出，灑下一路的歡笑，讓路人羨慕不已。

不久，有一個出色的男生追求詩涵，詩涵很快就戀愛了。看得出，男友對她很好，朋友們都爲詩涵感到高興。而詩涵和男友時時刻刻互相關心的樣子也讓朋友們羨慕不已。誰知，慢慢地，朋友們卻逐漸疏遠了詩涵，詩涵還渾然不覺。

原來，朋友們都不能接受詩涵的重色輕友。比如，有時朋友約詩涵一起去購物，男友一個電話打來，她立刻就扔下朋友去找男友；有時她和朋友一起出去吃飯或唱歌，雖然說好是「請示」過了的，可是詩涵的男友仍會隔十多分鐘就打來一次電話，問她在哪裡玩，和誰一起，男的女的，什麼時候回來等等，弄得眾人都很掃興。詩涵卻從未對男友的「電話跟蹤」表示過不滿，相反，每當接到男友的電話，她都會表現得很焦慮，一個勁地說：「我很快就回去了」之類的話。相比之下，好像是朋友們把她從男友身邊「搶」過來似的。有過幾次這樣的經歷之後，朋友們的聚會就不約而同地排除了詩涵。本來關係很好的她們，幾乎與詩涵失去了聯繫。

「重色輕友」的毛病，大多在戀愛之初表現得十分明顯。兩個人剛剛升級爲戀人關係，當然迫不及待想時時刻刻和對方在一起。因此，在剛開始戀愛時，不少女孩都會表現得「重色輕友」，而朋友在這個階段感覺到的落差也最明顯，最容易彼此產生距離。因此，女孩一定要在戀愛初期擺對心態，特別注意不要讓自己在這個階段忽視了和好朋友的聯繫。其實，女孩們應該明白，愛情不是生活的全部，戀愛也不是要把自己圈在一個狹小的兩人世界裡。生活中既要有愛情，也要有友情，愛他，不等於要完全依附於他。否則，只會背離愛情的初衷，也會使朋友們遠離妳。

玉玉談戀愛以前，有一票好朋友。她每天最大的樂趣，就是下班後，總有人會及時地打來電話，叫自己去玩一會、聊一會。玉玉和這幾個好姐妹關係很好，可以說無話不談。不管遇到什麼事情，玉玉都會第一時間向她們傾訴，幾個姐妹也總有辦法讓玉玉的心情好起來。在沒什麼事情時，玉玉和幾個姐妹就會坐在街邊看人來人往。看到帥哥經過，就彼此拋眉弄眼地開玩笑。玉玉覺得自己和幾個姐妹這輩子都分不開了。

不久，玉玉戀愛了，男友正是她們某天在街上看到的一位帥哥。在幾位好姐妹的極力撮合之下，兩人開始交往。突然間，玉玉覺得自己的世界多了一個很重要的人，最想做的事，就是每天和男朋友泡在一起。不管是哪個姐妹打來電話，玉玉都藉故推辭掉。

幾個月後，幾乎已經沒有人再經常給玉玉打電話了。然而令玉玉意想不到的是，男友突然以一個莫須有的理由離自己而去。玉玉習慣性地給姐妹們打電話傾訴，奇怪的是，她們似乎都不像以前一樣，隨叫隨到，並且耐心安慰玉玉、逗她開心了。

友誼是相互的，沒有人願意只在被需要的時候召喚。因此，女人即使有了「依靠」，也千萬不要忽略了朋友。因爲，妳不知道哪一天，妳的依靠就會沒有預兆地離開妳。

愛情和友誼並不衝突

很多女人有這樣的想法：我將精力分給了朋友，那麼能給男友的自然就要少一些；我太注重和朋友的交往，男友一定會生氣。也有的女人會認爲，自己有老公、孩子，就足夠了，朋友沒有那麼重要。然而她們不明白，男人和女人好像來自不同星球的兩種生物，他們有著不同的立場，所以，男人無法眞正瞭解一個女人。

一天，友情和愛情相遇。

愛情問友情：「世上有我了，爲什麼還要有你的存在？」

友情笑著說：「愛情會讓人們流淚，而友情的存在就是幫人們擦乾眼淚。」

朋友就是偶爾會爲妳擔心、向妳關心、替妳操心、想妳開心、逗妳開心、請妳放心的人。在妳悲傷無助的時候，唯有朋友才能給妳安慰與關懷；在妳彷徨失意的時候，也唯有朋友能給妳信心和力量；在妳成功和歡樂的時候，更希望有朋友來分享勝利和喜悅。

把快樂用來分享，每個人都多了一份快樂；把憂傷拿來分擔，每個人就少了一份憂傷。而那個願意與妳分擔憂傷的人，常常是妳的朋友。所以說，愛情固然可貴，但友誼也不能廢棄。

友情固然可貴，但友情同樣需要用心經營，不要理所當然地認爲眞正的朋友永遠不會離棄妳。戀愛的女孩千萬不要過於「重色輕友」，完全脫離朋友，沉浸在兩人世界裡，那只會使妳和朋友們越來越疏遠。

愛情小心機

和朋友在一起，有著和戀人在一起截然不同的情感體會。人不能沒有朋友，沒有朋友的人是可悲的，這不僅是說當妳遭遇不幸時沒有人與妳分擔痛苦，即使是面對快樂，沒有人分享的人生，也是一種懲罰。

第23忌

絕對透明
不懂圓滑地經營愛情

男人往往在愛情中比較灑脫，很多事情可以睜隻眼閉隻眼，同時也不喜歡女人對什麼事情都追根究底：而女人則常常扮演愛情中較真的那一個。無論是什麼事情，只要跟男人有關，就都要問個清楚，有時甚至插手控制。這種做法，很容易引起男人的反感。

也許女人天生細膩，就必然會導致這樣的結果。但是，女人也要學著聰明一些，在男人不願提及而又無傷大雅的問題上，大可採取「放縱」、「不聞不問」、「裝糊塗」的態度。這樣的女人，才更容易贏得男人持久的喜愛。

人是獨立的個體，絕對透明不現實

每個人都是一個獨立的個體，有著自己的思想、態度、工作、交際圈，還有自己不願提及的隱私。而戀愛中的女人，往往喜歡「包打聽」、「掌大權」，要求男人將所有的事情都向自己坦白，甚至交由自己管理。試想，一個獨立的人，會和多少人有聯繫，在他身上又會發生多少事情？這恐怕是難以計數的，無論是家人、朋友，還是愛侶，都不可能要求對方對自己絕對透明。這種想法本身就很累，而要堅持去執行，帶來的不良後果恐怕也讓人難以承受。

男人都是愛自由的，沒有哪個男人喜歡被束縛，如果女人一定要求男人對自己事無鉅細都交代得一清二楚，那麼男人遲早會對這種婚姻或戀愛生活望而生畏。

兩個月前，小惠結識了男友君揚。君揚研究生畢業，修養很高，對小惠也十分體貼。本來，小惠對這個男朋友十分滿意，以爲自己能夠和他天長地久，但是，相處沒多久，兩人還是出現了問題。

原來，小惠是一個佔有慾比較強的女生，她不能忍受自己的男友和別人交往過多。雖然小惠已經見過君揚經常來往的朋友和同事，並沒有讓她不信任的地方，但她還是堅持每天都「電話監督」。無論是君揚在上班時發生的事、午休時碰見的人、下班後和誰去了哪裡、有沒有跟女生在一起，小惠都要問個一清二楚。君揚有幾次忍不住問：「妳難道這麼不相信我嗎？」他想委婉地告訴小惠，別對自己看得這麼緊。但小惠卻沒有聽懂君揚的意思，只笑著說這是自己獨特的關心方式，之後依然對君揚進行電話追蹤。

轉眼到了夏天，君揚的業餘生活變得豐富了起來，但基本上都是和老同學相約，在家附近的球館裡打球。誰知，這也引起了小惠的不滿。只要哪天君揚出去玩，沒有提前向小惠彙報，而被她知道了，結果就是一陣大吵。即使君揚已經提前打了招呼，小惠還是會不停地打電話，問君揚幾點回家。君揚的老同學開始還覺得君揚被人時刻關心，十分幸福，後來聽得多了，就開玩笑說君揚得了「妻管嚴」，再後來，同學們竟漸漸不找君揚一起打球了。君揚每問起，老同學都支支吾吾地說，害怕總叫君揚出來玩，會影響他和女朋友之間的感情。

最終，在無法忍耐的情況之下，君揚選擇了和小惠分手。

小惠的例子，向所有女人表明了一個道理：對男人的關心和看管都要有一個限度，並且盡量將這個限度放得寬一些，好讓男人有足夠的自由活動空間。女人對男人的愛，靠的是吸引，而不是將對方硬綁在自己身邊。況且，女人找的是戀愛對象，兩人應處於平等的地位上，而不是像家長管教孩子一般，要將所有的事情都詢問得一清二楚。

在戀人關係中，男人需要相當一部分的空間和尊重，而不是女人沒完沒了地嘮叨和質問。

因此，女人不妨學習做個安安靜靜的女人，在男友或丈夫需要的時候送上一份溫暖即可，而不是成爲他的保姆加保鏢。

沒有空間是一把限制自由的鎖

每個人都希望自由，不希望有另一個人來限制自己的自由。對於男人來說更是如此。也正是出於這個原因，很多男人都不願意步入婚姻關係中，甚至將婚姻比作愛情的墳墓。而女人要求男人對自己絕對透明，則同樣是一把限制男人自由的鎖。要求男人每件事情都向自己彙報，等於是將男人的所有行程掌握在了自己手中。彷彿男人是一只風箏，而線卻在女人手中。試問，這樣的關係，怎能不讓男人生畏呢？在愛情裡，女人常會問男人，在他交往過的所有女友中，哪一個是最好的。當然百分之九十九的男人會回答就是她。然而女人對這個答案並不滿意，或者不相信，一定要再問原因，並不斷確認。有時男人招架不住了，說了「實話」，女人依然不滿意，接下來準是一場大鬧，嚴重時甚至導致分手。由此可見，絕對透明並非是一件好事，讓彼此有些隱私和空間，允許不合拍音符的存在，才是雙方親密相處的祕訣。那些要求男友對自己絕對透明、最終失去了愛情的女人，如果悲嘆愛情如玻璃一樣易碎，這時最好反省一下：是不是自己要求愛情像玻璃一樣透明的作風，成爲了謀殺愛情的罪魁禍首。

接受他善意的小謊言

每個人在生活中都會撒謊，有時是出於惡意，有時則完全是善意所爲。網路上曾經流傳一句詼諧的語句：「男人的話就像老太太的牙齒，沒幾句是眞的。」這句話反映了一個現象，男人似乎更容易在愛情中說謊。但是，女人也要有一定的分辨力，弄清楚男人是爲什麼而撒謊，是善意的還是惡意的，他撒的謊是不是值得去追究。如果答案是他爲了不讓妳生氣，撒了一個無關緊要的謊，那麼就沒有必要去拆穿它。這樣，才能維持兩人之間的關係和諧順暢。如果女人事事都要打破沙鍋問到底，那麼男人就會有一種自己被拆穿的無地自容之感，不僅不會對女人承認錯誤，還可能因此變臉。那麼，女人顯然就得不償失了。

而明智的女人則能夠容忍男友或老公的小謊言，不但不會去拆穿，甚至會在某些時候故意裝作不知曉，來讓男人安心。這樣做的結果，往往讓男人對女人更加尊敬、重視。

郭川輝研究所畢業，曾經有一個很要好的女朋友。兩人青梅竹馬，並且在一個城市讀大學。大學二年級時，兩人確立了戀愛關係。兩年後，郭川輝考上了研究所，女友畢業後在另一個城市找了一份工作。兩人並沒有因爲分居兩地而疏遠，相反更加深了雙方的感情。每到假期時，都是獨生子的兩人也會一塊回家探親，雙方家人也對未來的兒媳婦、女婿很滿意。郭川輝和女友約定，自己研究所一畢業，就與女友在一起，共同開創一番天地。

然而，天有不測風雲。在外地的女友，在一次事故中慘遭意外，搶救無效而死去。郭川輝爲此痛苦萬分，很長一段時間都無法從失去女友的陰影中走出。情緒稍安定之後，郭川輝來到了女友的家中，對悲痛欲絕的兩位老人說，自己永遠會是他們的兒子。從那之後，逢年過節，或者女友家中有事時，郭川輝都會第一時間趕去，給兩位老人送份溫暖，或者幫幫忙。

日子就這樣一年年過去，郭川輝從來沒有間斷過對女友家裡人的這種照顧。女友家裡人也曾勸郭川輝重新找個合適的女朋友，郭川輝總是想笑笑說，遇到了合適的會好好把握。其實，郭川輝並不是沒有嘗試著和其他女孩相處。但令他無法忍受的是，幾乎每個女孩都要求郭川輝以後不能到前女友家裡去。而郭川輝無法同意這樣的要求，幾段戀情都無疾而終。後來，郭川輝認識了一個可愛的女孩張靜如，兩人互相都有好感，很快便成了情侶。本來，郭川輝會以為張靜如知道自己和前女友的事情之後，同樣會像其他的女生一樣做出要求。但令他驚奇的是，半年過去了，自己也到前女友家中去了多次，但張靜如始終沒有因此生氣，甚至有兩次還主動提出和他一起去看老人家。郭川輝為此十分感動。當張靜如的好友問她為什麼不生氣、不阻止時，張靜如卻表現得十分大度，說郭川輝這樣做很對，說明他重情重義；如果郭川輝棄兩位老人於不顧，才會讓她對郭川輝生氣。

張靜如的通情達理十分讓人敬佩。其實仔細想想的確如此，郭川輝的前女友已經不在人世，即使郭川輝常去她家中探望，也不代表什麼。更何況，這樣才能說明郭川輝是個有責任感的男人。有些女人無法做到像張靜如一樣豁達，往往揪著男人的「小辮子」不放，硬要他對自己說出個道理來，結局只能兩敗俱傷。

愛情小心機

每個男人都有屬於自己的小祕密，如曾經暗戀過多少個女人、交過幾個女朋友……等等。對於這類小問題，女人大可不必放在心上。豁達一些，給男人一些屬於自己的小空間，男人會對妳感激不盡，從而更加尊重妳。

第24忌

張揚成性
動不動就炫耀甜蜜

婚姻戀情幸福美滿大概是女人們最得意的事情了，這份事業經營得好就會忍不住拿出來和人分享一下，這或許是出於女性需要尋求安全感和認同感的本能吧。炫耀幸福成了很多高調成性的女人的通病，但是只要一炫耀，就別怪人用各種標準去説三道四，模範情侶並不是那麼好當的。

相比之下，珍惜幸福不僅比炫耀幸福重要得多，也難得多。幸福人人都有，也是人人都會炫耀愛現的。但最終能與幸福作伴一起走下去的女人卻很少——那是因為她們不會珍惜幸福。有時候往往是事與願違，現著現著，就把自己的幸福炫耀到沒了。這時，她們才驚呼：「為什麼呀？」

總是炫耀幸福，當心有一天不再甜蜜

不管處於什麼階層的人，都有屬於自己的幸福。區別是，有的人會將幸福掛在嘴邊上；有的人則隻字不提。而我們不難發現，其實每個人的幸福程度與炫耀與否並無關聯，甚至常常有些不那麼愛張揚的人的生活更讓人羨慕。生活中，每個人都有自己的幸福。

其實，幸福與否是一種感覺，而不是簡簡單單的兩個字。幸福說得再多，如果自己不懂得去珍惜和維護，得之不易的幸福早晚也會離你而去。

所以，只懂得拿幸福當成一種炫耀到處現的女人是笨女人，現來現去，就會把幸福給炫耀到丟了。

程程是一個喜歡張揚的女孩，曾經談了一次又一次戀愛，每次都幸福無比地大談她和男友的愛情，但每次都是在周圍人羨慕的目光中很快分手。三年前，程程又戀愛了。這次程程汲取以往的教訓，在別人面前對此事隻字不提，即使有好奇的朋友百般盤問也不肯說。

半年後，程程結婚了，婚禮很簡單，但人們一眼就能看出來程程的幸福，但她還是極少談自己的家庭生活。

這樣的生活持續了大約一年，程程突然變得愛說起來，像她最初談戀愛時那樣，總在大家面前誇自己老公如何能幹體貼，新生的孩子如何的聰明可愛。

如遇朋友聚會等公共場合，在外人面前程程一定要牽著老公的手，以此炫耀自己的幸福。和別人說話的時候，程程總是很開心地笑著，似乎很興奮，但臉上卻再也沒有從前的淡定和從容。

程程的這種很突然的變化，頗令朋友們不解。然而不久，就有人瞭解到了內情。原來，程程的老公似乎有了外遇，被程程抓到了蛛絲馬跡。

即使妳眞的很幸福，也盡量不要拿自己的幸福來炫耀，俗話說「樹大招風」，總炫耀自己幸福的人，難免會成爲大家關注的對象。

當有一天，妳遭遇哪怕一個微小的不幸，也會被放大數十倍，當作人們談論的話題。而那些低調行事的人，則很少有可能遭受這種過分的關注。

喜歡看八卦新聞的人不難發現，明星們離婚或與對方分手前大多要在公眾面前張揚自己的幸福，表明自己和另一半的關係穩如磐石。

可是沒多久分道揚鑣了，而且張揚得越厲害，分手得越迅速。而那些對戀愛和婚姻保持低調的人，往往幸福比較長久。

其實，幸福就像喜陰的植物一樣，不需要別人來鑑證，而喜歡默默地守候。聰明的女人會想盡辦法珍惜降臨在自己身上的幸福，而不是拿著它招搖過市。

不起眼的幸福往往能細水長流

幸福是女人的畢生追求，然而幸福就像捧在手心的沙子，抓得太緊反而會失去。網路上曾有女人要高調談戀愛的文章十分熱門，但是女人應該知道，太高調的幸福，會引起別人覬覦，或者讓自己的男人「不堪重負」。

楊心薇是一個幸福的女人，老公打理生意，家裡較爲富裕。她從來沒有出去辛苦地工作過，只每天去美容院逛逛、去街上逛逛打發時間。並且，楊心薇的老公對楊心薇簡直體貼入微，好得令人眼紅。

本來楊心薇的生活就足夠讓人羨慕了，一有空，就會有不少姐妹聚在楊心薇周圍，誇她好福氣，並向她請教箇中祕訣。

每到此時，楊心薇就來了精神，一定要從和老公認識講起。不但講老公如何費盡力氣追求自己、給自己付出了多少金錢和精力；還會講老公現在對自己多麼體貼、多麼順從自己。

楊心薇甚至揚言說，老公對自己唯命是從，自己指東，老公不敢向西。其他單身的姐妹聽了，不由嫉妒得眼紅。

這話不知怎麼傳到了楊心薇老公耳裡，其他的話老公都能當作沒聽見，但那句「唯命是從」很難接受。老公有些不悅，再怎麼說，自己是個男人，又是個生意人，怎麼也要在外人面前給自己留些面子。爲此，楊心薇被老公數落了一頓。

過了不久，晴天來了一道霹靂——楊心薇的婚姻有了第三者，老公已經找到律師，準備和楊心薇離婚。楊心薇四處探聽，終於打聽到，第三者正是曾經圍在楊心薇周圍的一個姐妹。

在女人炫耀幸福的時候往往忽視了聽眾的感受，比妳幸福的人鄙視妳「這也值得拿來炫耀？」沒妳幸福的人嫉妒妳，期待著有一天把妳比下去看妳的笑話。而一旦妳的戀情或婚姻出現了危機，這些曾經鄙視或嫉妒妳的女人們，肯定會用加倍的力量來嘲笑妳。「妳不是很幸福嗎？」「妳也有今天！」「妳的幸福哪去了？」……而對妳自己來說，曾經能夠大大炫耀的幸福落入曲終人散的境地，也會加重自己的傷心。

喜歡把幸福掛在嘴上的女人，要嘛覺得幸福不夠多，靠說來平衡自己的不滿足心理；要嘛對目前的幸福患得患失，用嘮叨給自己打氣；要嘛就是虛榮心在作怪，以炫耀的方式來證明自己比別人更幸福。

而眞正幸福的女人不會把幸福掛在嘴上，她不需要做給別人看，她內心滿足、安寧。她知道，滔滔不絕的訴說不如用來享受幸福，沒有足夠的幸福可享受，才會嘮叨不停。

幸福只是屬於自己的事，沒必要拿出來炫耀。有時候，被人關注雖然可以滿足一時的虛榮，但畢竟弊多利少。相反，那些不被人關注的愛情卻像靜處悄悄盛開的花，散發出淡淡的香氣。

所以，聰明的女人不會去刻意炫耀自己的幸福。

其實「幸福」或「不幸福」都是寫在臉上的，何必多張嘴去幫倒忙？幸福不需說出口，低調的愛情才能細水長流。

低調行事，對兩人都有好處

俗話說：「月盈則虧，水滿則溢。」

一個喜歡張揚的女人往往會在不經意間給自己及家庭招來不必要的麻煩。其實，愛情就是兩個人互相理解，互相尊重，互相攙扶，互相關愛，平和淡定地走過一生。

在茫茫人海中能找到一個眞愛自己的男人不容易，因此所有幸福都要用心去好好珍惜，而不是用嘴。

幸福可以炫耀，但要掌握好分寸。

1.要誠摯適度。誠摯適度地分享會帶給周圍的人共同的愉快，但不是什麼事情都需要說，也不需要時時刻刻掛在嘴邊。

2.要選擇好炫耀的場合和好觀眾，要知道，並非所有的場合都能炫耀幸福，也不是所有的人都是眞朋友。

3.不要以自己爲中心，更不能在別人的劣勢面前談自己的優勢。記住，如果實在喜歡炫耀，沒事可以秀點煩惱，這樣更能和人打成一片。

4.要注意說話的對象。如果對方是很誠摯的人，那麼適當表露一下自己幸福的心情未嘗不可。但如果對方是個「嘴很甜」的人，一見面就先誇耀妳的幸福生活，那麼在這樣的人面前，還是收斂起自己的幸福爲好。

而如果對方是那種很容易嫉妒別人的人，則一定不要再炫耀自己的幸福，甚至可以適當地說一兩句：「家家有本難唸的經」，好讓對方心裡平衡一些。否則，嫉妒的人做出的事情，往往是無法預料後果的。

如果一個女人十分愛炫耀，那麼時間一久，她就會發現，不但周圍的人越來越不喜歡和自己交談，就連男友或老公都會對自己產生不滿。

過於引人注意，不但會讓自己脫離群體，還會讓兩個人的印象在好友眼中變得不那麼

好。

同時，女人也應該明白這樣一個道理：幸福是兩個人的，與其他人並無多大關聯，過分炫耀自己的幸福，除了滿足一下虛榮心之外，根本不會有任何好處。

因此，只要兩個人生活得好，比什麼都重要，沒有必要拿出來給別人看。

給別人看得多了，難免會招致麻煩。打個比方，水是人們生活中的必需品，也是極普通的。然而，滴水卻可以穿石。做人，又何嘗不是如此呢？低調做人，低調處事，謙虛謹慎，堅守自己的原則，以一顆平常心對待身邊的人與事，在社會中，自然就會得到生命的輪迴與人們的厚愛。而張揚浮躁是難以承受生命的厚重的。聰明的女人，更應該明白其中的道理。

愛情小心機

無論出於何種原因，經常在人前炫耀幸福的女人，都只會讓別人覺得妳是在愛現。而總炫耀幸福的女人往往都會失去幸福，因為也許老天也會嫉妒。而真正的幸福是不需要說出來的，它只需要女人自己能夠感覺到、享受到就夠了，「沒事偷著樂」不失為一種享受幸福的好辦法。

第25忌

損人不利己 搶走別人的老公

有句話是形容已婚男人的，叫做：「別人的老婆總是最好的。」而實際上，很多未婚女人也常犯這種錯誤。有時不光覺得別人的老公好，還會主動出擊，讓自己成為「第三者」。也有不少已婚女人，總覺得別人的丈夫比自己的好，牢騷滿腹，成天責怪自己的老公這不好、那不是，乃至後悔當初怎麼就瞎了眼找了他。似乎天下的好男人都讓別的女人佔了，而獨獨自己揀了一個「剩貨」。更有不少因「動心」而「動手」的，那就是想方設法要把自己看好的別人的老公搶過來：

果真「老公總是別人的好」嗎？非也：持這種觀點的女人往往有兩類：一類是天生有種坐享其成的心理，即認為「做得好不如嫁得好」的物質女人：另一類是得了「遠視眼」的女人，自己老公的優點都看不見，別人老公的好處倒是看得清清楚楚。然而，她們卻忽視了一個現實：自己眼中的優秀男人曾經也是一塊普通的「鐵」，是一個或幾個女人把他鍛鍊成好「鋼」的。

別人的老公真有那麼好嗎？

有這樣一段話形容戀人之間的關係：初戀時，怎麼看怎麼覺得對方好，即使是缺點，到了自己眼裡也是可愛的缺點；而婚後，則怎麼看都覺得對方不順眼，即使是人人誇讚的優點，到自己這裡也會被忽略。出於這種原因，很多女人在結婚後開始抱怨：爲什麼我的老公這麼差？周圍那麼多的好男人我當初怎麼就沒發現呢？當這種想法越來越強烈時，導致結果就只能是離婚。而離婚之後才發現，自己似乎永遠找不到最好的男人。

高采琴是一個平凡的女人，由於生在鄉村，她結婚比較早，老公是某工廠的技術員，婚後前兩年，小倆口的日子過得很開心。後來，高采琴偶然遇到了一個追求者，當得知她已婚時，就半開玩笑半認眞地說：「世界上好男人這麼多，妳那麼快把自己捆綁銷售了多可惜呀！」

雖然說者無心，但聽者卻動了眞意。這句話就像是當頭一棒，驚醒了夢中的高采琴。她開始留心身邊的男人，並將外面的男人與自己的男人進行比較。結果，越比較越覺得老公實在是太平凡了。高采琴開始覺得自己的好前程被老公耽誤了，她不甘心和這樣一個男人過一輩子，漸漸地竟然對他有了怨恨。這種念頭一旦產生，就在高采琴的心中生根。一次，高采琴夫妻應邀參加了一位同事的婚禮，回家的路上，高采琴忍不住說：「如果不是跟你結婚，我的婚禮肯定比這……」男人沒說話，以爲高采琴是嫌兩人當初辦的婚禮排場不夠，感慨一下表示遺憾。但高采琴的想法並非如此，她見老公不語，越加覺得他是個沒出息的男人，自己跟了他簡直是糟蹋了。於是，高采琴開始有意接觸不同的男人，而接觸的男人越多，高采琴就越覺得和他在一起不值得。後來，「如果不是跟你結婚，說不定我已經……」成了高采琴的口頭禪，兩人之間的「戰爭」也往往因此爆發。最後，他們的婚姻走到了盡頭。

終於，高采琴如願和丈夫辦理了離婚手續。簽完離婚協議，高采琴彷彿卸下了千斤重擔，頓覺渾身輕鬆。她想：「這次我一定要睜大眼睛找個最好的。」然而，其後的三年時間，高采琴終日周旋於無數男人之間，弄得自己身心俱疲不說，她還是依然不知道哪個男人才是最好的。

每個家庭都有自己的幸福，也都有自己的不幸。女人永遠不要只聽別人說，或者只看別人家庭的好。愛情也好，婚姻也好，從來都是仁者見仁、智者見智的事，沒有最好，只有適合。無論別人怎樣評價，適合自己的那個人，就是最好的。姐妹們，千萬不要總戴著遠視鏡看周圍的男人，卻忽略了身邊最愛妳的那個人。

聰明女人永遠不去動別人的老公

自己的內心感覺，有時也非自己能控制的，愛上什麼樣的人，有時也不是我們自己能左右的。如果妳恰巧愛上一個已婚男人，妳會怎樣做選擇呢？是繼續愛下去，還是就此放手？選擇前者，妳要背負道德輿論的譴責和自己良心的煎熬；選擇後者，妳就要和無盡的思念做不懈地鬥爭。如果不想經歷這些，最好的做法就是：永遠不要去動別人的老公！

他們的相遇並不特別。在一次友人的婚禮上，兩人偶然相識，並很快墜入愛河。女人是某公司的白領麗人，溫柔可人，男人則是另一大型企業派來這座城市的總負責人，高大帥氣，風趣幽默。他把她的生活安排得舒適溫馨，更不忘偶爾玩一下浪漫情調。女人很滿足，她覺得這個男人就是自己今生的依靠。可是，生活似乎總是苦多於樂。他們的幸福只持續了三個月，他就被總部召回。臨行前，她問他帶她一起走好不好？他默然不語。隨後，他一改往日的幽默和陽光，像個做錯了事的孩子似地低聲地告訴她：他結婚了，而且已經有了一個女兒。她如同遭到電擊一般，呆住了。

半晌，他才繼續說：「其實，我對妻子一直不滿意。當初，我們本是同學，也是同鄉。我大學畢業後，又讀了研究所，而她因爲家境不好，讀完大學就開始工作了。後來，因爲雙方父母的支援，我們結婚了。雖然她一直對我很好，但我卻發現，我和她的差距越來越大。和一個沒有共同話題的女人生活在一起，我感受不到婚姻的快樂，只覺得很沉悶。直到遇見妳……」

女人聽了這些話，整個人處於崩潰之中，還沒有反應過來怎麼辦，男人就請求女人給自己一個月的時間，他會盡快辦理好離婚手續。她什麼都沒說，默默地回到了自己的房間。第二天一早，準備回總部的男人醒來，女人卻不見了，只有桌上的一張紙條：「親愛的，我相信你的承諾是眞的，也知道你對我的愛。可是，你的做法對你的妻子來說是不公平的，也會對你女兒的成長造成不好的影響。如果這樣，即使我們結合，也不會幸福，而且會傷到我們四個人。所以，儘管我很愛你，但我還是要離開你。好好愛你的妻子和女兒吧，她們才是妳今生最該珍惜的人。」

也許很多人看了這個故事之後都會覺得可惜，但不得不說，這個女人的做法是理智的。同爲女人，她能夠設身處地地爲別人考慮，實屬難得。而這樣的好女人，又怎麼會找不到珍惜她的男人呢？

愛情是一種緣分，緣起而聚，緣盡則散，是妳的拋不開，不是妳的留不住。如果今生無緣，聰明的女人懂得適時地放手，因爲能陪伴愛人走過人生中的一段旅程，也是一種幸福。

第三者，無法被社會接受

如今婚外情並不少見，一些女性還打著「老公總是別人的好」的幌子甘做某些有婦之夫的情人、「二奶」，她們被冠以一個美名：第三者，亦稱「小三」。

一個女人如果成了第三者，往往有兩種結果：其一是兩人之間眞心相愛，男人和原配之間確有不可調和的矛盾，於是乎，「小三」順利「扶正」；其二是女人不幸遇到了一個「花心大蘿蔔」，在最初的新鮮感過後，他會毫不留情地將她甩掉，再去尋找下一個「獵物」。

不管是哪一種結果，也不管在這種感情遊戲中最後出局的是誰，第三者都會背上沉重的心理包袱。何況，那些優秀男人的女人們還沒笨到讓第三者隨便搶走她們老公的地步。畢竟他們曾經相愛，而且她們也都在自己男人身上付出了不少的心血，豈能隨意拱手讓人？於是，她們總會想方設法保衛自己的婚姻。

而女人一旦背上了「風流」、「放蕩」的惡名，後半生該如何度過？世人的白眼和唾沫恐怕就足以置她於生不如死的境地。這實在是女人的悲哀。最悲慘的，即便做爲「小三」的女人擠掉了「正室」，順利扶正，那麼如果男人已有孩子的話，這個女人就要承受「第三者」和「後媽」兩個稱號。這兩個稱號，自古以來，始終無法被人們所接受。後媽即使做得再稱職，也永遠是後媽，不但孩子永遠無法打心眼裡承認這個媽，就連公婆也很難接納這個破壞自己兒子家庭的「後媳婦」。另外，即使第三者成爲了家庭一員，那麼「家庭粉碎機」的稱號，也註定要一輩子掛在她的頭銜上。其實，女人理智地考慮一下就會想到，已婚男人之所以會接受「小三」，多半只是在享受對方的青春和新鮮罷了，他們只是把這當作一場遊戲。

愛情是美麗的，但要在對的時間遇到對的人，做出相應的付出才能開花結果。女人獨有的天眞、溫柔應該留給眞心愛妳的人，所以千萬不要表錯了情，找錯了人。天下的好男人多的是，爲何非要冒著風險找個有婦之夫？還是找個能給妳愛情和名分的人再好好愛一場吧！

愛情小心機

俗話說：女人就是一所學校。男人，只有經歷過一番情感的磨難後才會走向成熟。聰明的女人，請收起妳的挑剔和抱怨吧！與其羨慕別人的老公，辛苦去搶別人的老公，不如經營好自身這所「學校」，把自己的老公培養成讓別的女人也羨慕的好男人。記住：沒有一個優秀的丈夫是自學成材的，而是某個或者多個女人「栽培」出來的。

第26忌

碎碎唸 讓人耳根不得清淨

女人的一大特點就是愛嘮叨，很多女人在度過了初戀期之後就開始了這項「特長」，而大部分女人更是在婚後將這一特長發揮得淋漓盡致。對許多男人而言，這可真是個惱人的千古魔咒，似乎也是自己痛苦的主要來源。有一份調查顯示，男人討厭女人做的事情當中，排名第一的就是「囉唆嘮叨」，遠高於排名第二的「不愛打扮」。看來連一向好色的男人都寧可忍受醜女，也不願忍受嘮叨女，妳就可想而知這事態的嚴重性了。

嘮叨——婚姻不能承受之重

嘮叨是女性普遍存在著的不遵從理性個性特質的一種表現，但是男人們不是瞭解人性的心理學家，也不是寬恕一切的神父。

所以，男人們很難承受女人的嘮叨的，嘮叨很可能成爲他們在情感上離開的重要因素。據調查顯示，在離異家庭中，很大一部分原因是丈夫無法承受妻子的嘮叨。

女人千萬不要小看自己的碎言碎語，它很有可能就成爲妳和丈夫之間破裂的罪魁禍首。

張醫師是當地很有名的心理諮詢師，這一天，他接待了一個將遭到丈夫拋棄的女人。

當女人最初表明自己的處境時，張醫師還是滿懷同情的，但只交談了十分鐘，張醫師就感覺到女人落到這樣的下場是一個必然結果。

女人一來就破口大罵，說離婚的原因是男人有了婚外情，她將丈夫罵得一無是處：「他太沒良心了，他比陳世美還要陳世美，世界上沒有比他更壞更沒有心肝的男人了！我爲他的事業付出了那麼多，他難道都忘了嗎？說起他的出身，哼，原本就是鄉村一個窮小伙子，是我父親把他弄到城裡來和我們一起開公司的。

我們家給了他那麼多幫助，現在他翅膀硬了，轉眼就忘了我對他的恩惠，還玩起了婚外情。要是沒有我，他哪有今天，他哪有錢去玩女人？！」不容張醫師插口，女人又強橫道：「想和我離婚，哼！沒那麼容易！他不讓我好過，也休想我會成全他！」

張醫師見女人情緒激動，難以溝通，於是提出見一見她的丈夫。

女人將丈夫帶過來後，張醫師發現他其實是一個隨和、善良、謙遜和通情達理的人。

男人坦率地告訴張醫師自己有外遇，而他尋找外遇的理由不是因爲好色，也不是出於對情感方面的貪慾，而是想找一個安靜的女人，和自己度過一段安靜的時光。

嘮叨眞的有這麼可怕嗎？也許女人沒有意識到，但是那日積月累的喧囂，遲早會讓男人承受不住。

試想，終日在外奔波勞碌的男人，有哪個還想回家後再接受妻子的「狂轟濫炸」呢？著名的心理學家特曼博士對一千五百對夫婦做過詳細調查。研究表明，在丈夫眼中，嘮叨、挑剔是妻子最大的缺點。

另外，蓋洛普民意測驗和詹森性情分析——兩個著名的研究機構，它們的研究結果都是相同的：任何一種個性都不會像嘮叨、挑剔給家庭生活帶來巨大的傷害。

紐約某知名雜誌在某期曾刊登了一件殺人案，一個五十多歲的卡車技工，雇用了三名流氓殘忍地殺害了自己的妻子。

關於他的犯罪原因，據他自己宣稱，僅僅是因爲他的妻子一直不停地嘮叨和抱怨。

無獨有偶，蘇格拉底的妻子桑提波是出了名的悍婦，爲了躲避她，蘇格拉底大部分的時間都躲在雅典的樹下沉思哲理；法國皇帝拿破崙三世、美國總統亞伯拉罕·林肯都受盡了妻子的嘮叨之苦。而凱撒之所以和他的第二任妻子離婚，是因爲他實在不能忍受她終日喋喋不休的嘮叨。

卡內基在他的《人性的弱點》中說過，嘮叨是愛情的墳墓。

但是，很多女人並沒有意識到這一點，甚至認爲自己的嘮叨是對他的愛，以爲嘮叨可以改變丈夫的缺點。

陶樂絲．狄克斯認爲：「一個男性的婚姻生活是否幸福和他太太的脾氣性格息息相關。如果她脾氣急躁又嘮叨，還沒完沒了地挑剔，那麼即便她擁有普天下的其他美德也都等於零。」

更加嚴重的是，嘮叨不僅會招來丈夫的反感，還會對其他家庭成員造成傷害。

據一項科學調查顯示：女人的嘮叨不僅會引起丈夫極大反感，而且，生長在一個愛嘮叨的母親家裡的男孩子，很容易成爲軟弱無能、缺乏個性的人。

所以，愛嘮叨的女人，要盡量讓自己脫離這種症狀。

嘮叨也是一種病

女人爲什麼愛嘮叨呢？這到底是一種心理反應，還是與生理有關？對此，很多人做出過研究。心理專家曾經說，適當的傾訴有助於保持健康心態。

然而無數女性在越說越想說的惡性循環中被一種莫名其妙的饑渴淹沒，像喝了愛說話的酒。對傾訴的依賴，讓我們失去了基本的自我情緒調節能力。

那麼，女人如何判斷自己是否患有「嘮叨症」呢？以下現象和指標可以幫助妳進行判斷。

1.如果妳在一週時間內，三次以上與他人進行純私人談話，並且話題圍繞妳不開心的事或感情困擾，那麼妳正在趨向於患得嘮叨症。

2.正常傾訴與嘮叨症的最大區別在於，正常傾訴的女性在傾訴後會有相當放鬆的感覺。而嘮叨症的女性只能在傾訴中獲得快感。因此必須不斷傾訴，哪怕對同一件事重複一百遍依然意猶未盡。

3.在家裡，妳總是比別人說的話多，而且缺乏重點。家人面對妳說的話，通常的反應是沉默、不理睬，或者表現出反感。如果這樣，那妳就是典型的嘮叨症患者了。

4.遇到事情時，妳首先想到找他人傾訴並立刻付諸行動，還是首先努力自我消化，實在無法消化時才找最可信賴的人傾訴，這是正常人群與嘮叨症人群的分水嶺。

以上就是「嘮叨症患者」的典型表現，如果妳符合上述所言，那麼就要對自己的症狀有所意識了。

那麼，究竟是什麼原因導致有些女性喜歡嘮叨呢？

有心理學家指出，愛嘮叨的女性最大的特點就是過於「自戀」，她們很多時候只能站在自己的立場上看問題，而無法替別人想。

她們往往會在無意識世界裡對別人充滿敵意。

女人累，男人怕

嘮叨無法讓女人得到任何實質性的「收穫」，反而只能發揮反作用，造成一種「雙輸」的後果，即「女人累，男人怕」。

男人沒有一個不對女人的嘮叨充滿反感與恐懼的。在男人的世界中，女人的嘮叨正象徵了這樣幾個事實：

第一，被女人嘮叨代表權力的低落。只有權力高的一方才能命令權力低的一方，女人不斷要求命令，就意味著權力的轉移，男人自然感覺不佳。

第二，嘮叨暗示能力不足。女人沒完沒了的嘮叨，只能讓男人覺得自己在女人看來沒有能力，不足以完成某件事情。而大部分男人則認爲自己做事自有分寸，輕重緩急都能掌握，不需要女人來懷疑自己。

第三，嘮叨表示女人不幸福。女人也許認爲自己的嘮叨是一種「分享」，但在男人聽來，這往往是「妳爲什麼總是不能讓我滿意」的暗示。再想到自己每天辛苦勞作只換來抱怨，男人心中自然不快。

那麼，女人如何改善自己的嘮叨症，讓男人不再「怕」呢？下面幾招可以幫助妳。

1.有意識地控制自己的語速和說話的總量。盡量不要重複說一件事，堅持一件事至多只說一次的原則。如果一件事已經反覆被自己提起，但還是有嘮叨的衝動，把要嘮叨的內容寫出來而不要說出來。

2.讓自己忙碌起來。當妳想嘮叨時，肯定心情不怎麼好，更肯定比較閒。那麼，忙起來吧。來一場大掃除、去公司把明天的工作完成、到美容院做做臉、約朋友出去娛樂一番。生活中該做的事這麼多，幹嘛非說話不可？

3.非說不可時，也要先說出自己的目的。別開口就絮絮叨叨，先告訴他妳這番話的眞正目的，以免他會錯意，誤把分享當責怪。例如：「我沒有要怪你的意思，我只是想跟你分享心情……」

4.給男人一些發呆充電的時間：他一進門妳就說話，可是大大不智的表現，聰明的女人會挑時間、挑心情開口，不妨先告訴他：「我

知道你今天辛苦了，我先不吵你，讓你休息一會，等你有心情說話時，能不能來找我一下？」如此一來，休息後的他就有足夠的情緒能量來照顧妳的心情。

5.少說「你」，多說「我」。開口抱怨時一直說「你」，很容易讓對方產生自我防衛的念頭，因而開始爭論不休，例如：把一開口就是「你怎麼總不改」，換成「我覺得有些不受重視……」試想，聽到這兩句話，丈夫的反應一定不同。

掌握了這些溝通技巧，妳和他就不會再受嘮叨之苦，而能享受開心溝通的幸福。

愛情小心機

讓一個好丈夫和一個喜歡嘮叨的妻子很好地生活在一起，比老翁爬上沙丘還困難。因此，明智的女人，最先要做的不是將自己打扮得花枝招展，而是管好自己的嘴巴。

第27忌

固執己見
不惜為愛眾叛親離

很多女孩在愛情觀上很固執，存在著嚴重的唯心主義傾向，主要表現為「前世姻緣」式的客觀唯心主義和「跟著感覺走」的主觀唯心主義。只要自己喜歡，絲毫不顧旁人的意見，甚至不管家人如何反對，死活都要與他在一起。更有些女子，為了「真愛」，甚至不惜拋棄家庭，與他私奔天涯，最後導致父母失去一個孩子，而自己也失去寶貴的親情。

理性聰慧的女子，往往也會成為愛情的主人。而固執己見，很多時候只能給自己帶來傷害。當然，如果女孩對自己的交往對象的確十分瞭解，能夠正確地看待雙方的優劣，那麼，也不妨自己的愛情自己做主，而親友的合理建議亦可同時採納。

女人要理智，不要固執

女人在愛情裡最常犯的錯誤就是不夠理智，愛情一來便沖昏了頭腦，甚至沒有判斷對方對自己來說是否值得愛、是否對自己眞心實意的能力，只爲了那幾句甜言蜜語，便認定了男人對自己的眞心。

其實，眞愛是一種從內心發出的關心和照顧，沒有華麗的言語，沒有譁眾取寵的行動，只有在點點滴滴一言一行中妳能感受得到。

反之，發誓、許諾說明了它的不確定。所以，聰明的女人永遠不要相信男人的承諾和甜言蜜語。或者，女人可以聽聽身邊親人、好友的意見，有時當局者看不到的事實，往往在旁觀者眼中十分清楚。

在一次朋友聚會上，身爲教師的虹采認識了高大帥氣的男人剛杰。透過朋友的介紹，虹采知道，剛杰是一個汽車司機。兩人互有好感，在剛杰的熱烈追求下，虹采成了剛杰的女友。

剛杰說，自己在郊區有兩棟樓房，父母都是退休工人，這讓虹采打消了經濟方面的顧慮，一心一意認定了他。剛杰經常送些小禮物給虹采，這讓遠離父母的虹采心中感到欣慰和甜蜜。

一段時間之後，剛杰說自己的朋友向他借錢，自己的錢不夠，要虹采幫一下忙，很快就會歸還。虹采毫不猶豫地答應了。一週以後，剛杰果然歸還了借款。

後來，隨著兩人感情的日益加深，剛杰又屢次向虹采借錢，而且數目越來越大。虹采相信男友是個好人，所以每次都能滿足他的要求。

而且，在他的一再要求下，兩人開始同居生活。之後，虹采借給剛杰的錢就沒了歸還的日期。而虹采覺得，既然生活在一起，自己的錢也是剛杰的錢，還不還無所謂。

後來，虹采從幾個朋友口中聽到了關於剛杰的消息，有人提醒她說剛杰曾因詐騙罪被拘留過，要她小心一點。

虹采很相信自己的眼光，她和剛杰戀愛這麼久，剛杰是什麼樣的人自己很清楚。直到有一天，剛杰無緣無故消失了，虹采聯繫不到他，才開始著急。

幾天後，剛杰回來了。虹采問他去了哪裡，他說出差了，去了比較遠的地方，又碰巧把手機弄丟了。一番「解釋」使虹采再一次相信了他。

幾天後，剛杰再一次消失。隨著他一起消失的，還有虹采的存款和現金，再加上之前他向虹采借去未歸還的錢。

「情人眼裡出西施」，在相愛的人看來，情人的一切都是好的，尤其是女孩子，最容易被一時的感情矇蔽了雙眼。然而往往是付出了一切，卻「多情到頭空餘恨」。

可見，戀愛中的女子，一定要學會保持一份清醒和冷靜。這樣才能從眼前的感情圈中跳出來，理智地對待這份愛。

有句話說，婚姻是女人的第二次生命。說的雖然有些誇張，但還是很有道理的。女人嫁了什麼樣的人，就等於選擇了什麼樣的生活方式。

所以，在選擇之前，一定要清醒理性。

柏拉圖說：「理性，是靈魂中最高貴的因素。」如果自己不知道應該如何選擇，不妨多參考一下周圍親友的意見。因爲他們是站在旁觀者的角度來分析問題的，因而多能提出切實中肯的建議，幫妳確定正確的方向。

嬌嬌是家中的獨生女，學歷高、氣質好、工作收入穩定。也因此，她對男友的要求也很高。比如，她對男友的身高、相貌、學歷、工作、性格、生活細節等，都有明確的「框定」，如果稍有不滿意，也會立即分手。

但幾次戀愛失敗之後，她在父母及周圍朋友的建議和勸說下，終於認識到人無完人，完美的男人是不存在的，自己其實也有不少毛病。嬌嬌及時對自己以前不切實際的擇偶標準進行了修改，很快找到了心儀的男孩。

女人是感性的，很容易在感情上犯了衝動的毛病，陷在唯心主義的愛情裡自我陶醉。而這種行爲是很危險的。感情上的固執己見往往是愚蠢的表現，盲目付出的代價大多是無盡的悔恨。

千萬別和他玩「私奔」

出於種種原因，一些戀人的愛情會遇到來自家人的阻力。

有的女子能夠說服家人，成全所愛；有的卻說服不了，於是採取了一種似乎很浪漫的做法——與男友私奔。有的女性可能會說，私奔難道不是一件浪漫的事嗎？比如紅拂女夜奔李靖，比如卓文君與司馬相如當壚賣酒……但是，妳有沒有想過，妳遇到的男人是李靖，還是李甲？而妳自己，是否有文君的才藝雙絕，可以挽回破碎的婚姻？如果不敢確定，那麼，勸姐妹們還是盡量不要玩「私奔」的遊戲，那樣最後受傷的，只能是妳自己。

琳琳是一位醫生，聰明秀麗、勤快能幹，工作上也是一把好手。

經人介紹，她認識了明輝，後來成了她的老公。明輝對琳琳可說是一見鍾情，琳琳也對他有意。然而，琳琳的母親堅決反對他們交往，理由是他們兩人生活習慣不合。然而，琳琳並未相信母親的話，與男友合力勸母親，老人才勉強同意。

婚後不久，琳琳懷孕了，婆婆過來照顧她。然而，還沒等孩子滿月，琳琳因吃不慣婆婆做的菜而說了一句想吃米飯的話，招致婆婆的怨氣，也招來明輝的一頓暴打。

從此，琳琳的婚姻就再也沒有幸福過。琳琳也曾想過離婚，然而，一看到年幼的兒子，她的心就揪起來。爲了兒子能夠健康地成長，她忍了十年。

後來，明輝在外面有了情人。琳琳再一次想到了離婚，卻被兒子攔下了。琳琳又退讓了，她知道，兒子需要一個完整的家。此時，琳琳才覺得，母親當初的勸阻是多麼正確。

這種有名無實的婚姻又過了十年，明輝長年在另一座城市工作，並公開與一個年輕女子同居。

有一次，明輝因想獨佔與琳琳的共同財產而將情人帶回家。大學畢業的兒子發現了父親的外遇，氣憤異常，將他們趕出家門。

琳琳終於離婚了。但是，她也已經由一個二十幾歲的妙齡少女變成了五十多歲的女人，一生最美好的青春年華全都浪費在那個男人身上了。

俗話說：「不聽老人言，吃虧在眼前。」從琳琳的故事中我們不難看出，沒有父母祝福的婚姻難以幸福。

親情和愛情一樣重要，如果妳的男友能提出或答應與妳私奔，女孩應該知道，他多半不會是個有擔當肯負責的男人，最起碼不是一個成熟的男人。

否則，他會用積極的方式解決阻擋妳們感情的障礙，而不會選擇這樣讓妳爲難的方式。

婚姻大事，要多聽「老人言」

人們常說：「男怕入錯行，女怕嫁錯郎。」很多女人之所以不幸，不是因爲物質的貧乏，而是因爲嫁錯了人。

愛情是浪漫的，而婚姻是現實的。年輕人在乎的只是愛情，而不是麵包。

當激情、浪漫過後呢？留下的是每天忙忙碌碌上下班的身影，回家面對的是做不完的家庭瑣事……這時候，女人就會覺得，結婚並不是只憑自己的直覺就行。而父母是從浪漫中走過，也在現實的婚姻中熬過的人。

女兒的婚姻能走多遠，或者能否幸福，父母的判斷往往比沒有婚姻經歷的女兒要高明得多，也理智得多。所以對於年輕的女孩來說，能得到父母支持的婚姻是最幸福的。

一位父親曾說：「女兒結婚就是第二次投胎，嫁得好了，是一輩子；嫁得不好，也是一輩子。」可見，女兒的婚姻在父母心目中的重要程度。

父母的閱歷比我們深，看人的眼光也比我們準，經常能看到一些熱戀中的女子看不到的東西，所以在婚姻大事上，女孩應當多徵求和參考父母的意見。

當然，父母的反對也要看情況而定。有些父母反對的原因是很荒唐的，比如嫌棄對方沒錢，或相貌不好，這些都不是關係婚姻幸福的主要因素，妳可以透過耐心地溝通說服長輩。而有些父母反對的理由是成立的，比如覺得對方人品、道德有問題，這時，女孩就要注意了，一個品行敗壞的男人絕不可託付終身。

很多女性有這樣的感嘆：婚前總嫌父母嘮叨，對父母的意見不以爲然，甚至反對；婚後才發覺，父母當初的嘮叨都是正確的，然而爲時已晚。

所以，奉勸所有還沒有結婚的美女們：父母的建議一定要做重要的參考。如果妳認爲父母的話是錯的，那麼妳要對妳選擇的人有足夠的瞭解、有足夠正確的判斷，妳能有足夠的把握證明他能愛妳、疼妳一輩子，不然，婚後父母會爲妳操更多的心。

雖說婚姻是自己的，但因爲在進入婚姻之前，女孩們根本不知道實際的婚姻是什麼情況，所以多聽聽父母的經驗之談，能避免以後生活中的太多失落。

愛情小心機

有些愛情很現實，現實得似乎只有柴米油鹽，而其他的都可有可無；有些愛情很虛幻，虛幻得讓我們甘願飛蛾撲火，付出一切去爭取，到頭來卻只是竹籃打水一場空。在婚姻問題上，凡是聽了父母建議的女孩，多是順利結婚，皆大歡喜。而違背父母的勸說，甚至捨親保愛和男友私奔的，結局往往很不幸。女孩們，慎勿將身輕許人。

第28忌

急功近利
太早進入他的家庭

一份美滿的愛情，最終都要邁向婚姻的殿堂。而一旦到了談婚論嫁的階段，免不了就要與雙方的父母打交道。很多女孩子天真地以為，只要自己和男友相處融洽，他們的愛情就會順理成章，和未來公婆見面早晚只是形式問題。然而，很多意外卻因此出現。比如，自古以來難以徹底解決的婆媳關係問題。

婆媳關係恐怕是人生難題之一。因為婆婆總是會有意無意地戴著「放大鏡」看兒媳，而永遠戴著「望遠鏡」看兒子。所以，如果女孩子過早與婆家人見面，相當於過早地把自己放到了對方的「放大鏡」下。如此，不影響到妳和未來老公的關係似乎是天方夜譚。所以，奉勸女孩們，要矜持一些，盡量少參與他的家事中去。即使妳真的很想儘快結婚，也不要過早和婆家人照面，這樣才能讓自己和他的家人盡量保持良好、和諧的關係。

早和公婆見面壞處多

陷入愛情中的女孩，大多都有些急功近利，急切地想瞭解他所有的事情，進入他生活圈。於是，女孩經常頻繁要求認識他的朋友，甚至結識他家裡的人。

其實，認識他的朋友是一件值得肯定的事情，透過觀察他的交際圈，來瞭解他的個性、品質和愛好。但過早進入他的家庭，就不是那麼高明了。

女孩們可能會認爲，早一些和男方家人見面，大家能彼此瞭解一些，對雙方和自己以後的生活都是好事。其實這是天大的錯誤。

因爲彼此熟悉之後，會逐漸由於生活習慣、處事方式等的不同產生誤解，嚴重一些的就會誰也看不慣誰，最後難辦的是女孩自己。

吳心楠和劉偉磊是一對幸福的小戀人，轉眼間，他們就走過了兩年，準備步入婚姻殿堂了。兩人是從網路上走入現實生活的，他們志趣相投，彼此也很有默契，共同在一起打拼著屬於自己的一份事業。雖然目前賺錢不多，但他們一直相互鼓勵支持彼此，對未來很有信心。

因爲兩人感情很好，自然談到了婚嫁問題，不料卻遭遇男友父母的極力阻撓。

原來，吳心楠在與劉偉磊戀愛一年之後，第一次隨他去見了他的父母。之後，他們便同居了。每逢節假日，劉偉磊便會帶她一起去看望父母。他覺得，應該讓父母多瞭解一下未來的兒媳。

起初，吳心楠覺得未來的公婆對自己很好，這讓她覺得很欣慰。可是，隨著接觸次數的增多，吳心楠覺得他們漸漸對自己有些冷淡。當她把自己的感覺告訴劉偉磊時，劉偉磊笑她「神經兮兮」。之後，吳心楠就告誡自己不要太多心，因爲畢竟將來自己是要和劉偉磊生活在一起。

然而，她沒想到在他們的愛情即將「修成正果」的時候，出來反對的，居然是劉偉磊的父母。他們反對的第一個理由是吳心楠相貌不出眾；第二個理由是吳心楠的工作不好；第三個理由是吳心楠的父母是鄉下人；第四個理由是網路上認識的女孩子靠不住。

知道這些之後，吳心楠的眼淚在眼眶裡直打轉。她知道，雖然自己相貌平平，但配劉偉磊是絕對配得上的。

至於工作，兩人的收入差不多，也可以說自己並未高攀。而自己父母的情況，誠然是劉偉磊的媽媽慢慢從自己嘴裡「套」出來的。而最後一個理由，顯然是劉偉磊的父母輕視自己。

面對父母的指責，劉偉磊也覺得很無奈。就這樣，兩人都陷入了痛苦之中。他們不知道，下一步應該怎麼辦。

愛情是兩個人的事，但婚姻卻是兩家人的事。一旦牽扯到結婚，兩家人都會涉及其中。人多了，自然也就更容易產生矛盾。「孩子都是自己的好」這句俗語被如今的父母很好地貫徹到了生活中。

自己的兒子，再差都是最好的，而別人家的女兒，再好都是差的。「想成爲我家的媳婦，先得過我這一關！」所以，如果一個女孩覺得現在的男友是以後的準老公，想讓你們的愛情不被過多地干涉，那麼，婚前最好少和男方家人打交道，越少越好！否則，吃虧的總是妳。

別讓婆家有更多時間挑妳的毛病

雖然婚姻說到底還是兩個人的事，但男女雙方不同的成長環境，決定了雙方不同的興趣、愛好、觀點。

所以，儘管在男友眼中，自己心愛的女友的一切自己都可以接受，「情人眼中出西施」嘛！然而，換成了他的家人，就未必會這麼寬容了。

女孩的父母，都希望女兒能嫁一個好男人，過著幸福的日子。男孩的父母也有同樣的願望。可是問題就出在雙方不同的價值觀上。

中國幾千年的傳統，都是女子結婚後在丈夫家生活，所以婆媳關係成了天下一大難題，永遠沒有完結。

如今，雖然很多戀人結婚後可以獨立生活，但婆家對他們婚姻的影響仍然不可小視，尤其是在婚前。

爲了自己的兒子婚後生活幸福美滿，公婆對未來兒媳多會很挑剔，用他們傳統的眼光來評價現在的女孩，這自然會出問題。而這些評價，當然是來自婚前他們與未來兒媳的接觸，且接觸越多，他們就會看得越清楚，發現的毛病也會更多。而當他們把自己的「發現」告訴兒子之後，原本親密的戀人之間鬧出矛盾，就不足爲怪了。

明白了這些，相信女孩們應該明白婚前過多與男方家人接觸有多「危險」了。

所以，最好的辦法就是，女孩在婚前盡量減少與男方家人的接觸——無論妳的男友多麼希望妳能儘早地「融入」他的家庭，也不管婆家人多麼希望見到妳——這樣，他們就會因爲不瞭解而沒有太多時間對妳吹毛求疵。而結婚之後，如有可能，也盡量不要和婆家生活在一起。俗話說「距離產生美」，保持一些距離，大家都能相安無事。

另外，女孩子一定要懂得自尊、自愛、自重，要有自己獨立的空間和朋友圈，而不要以男友爲一切，或者貪圖享受，一心想著過不勞而獲的生活，以免給婆家提供輕視妳的口實。

切忌急著介入他的家事

俗話說：「醜媳婦總要見公婆。」女孩們雖然不宜過早與男方家人見面，但見面是肯定的。最好的辦法，是在妳和男友結婚前夕再與男方家人見面。這樣，既聯絡了感情，也不會讓對方過多地瞭解妳。

即使之前男方家人從妳的男友口中瞭解到有關妳的一些情況，或許也會有些異議，但對妳並不眞正瞭解，所以一般不會在妳們之間起破壞作用。退一步講，即使想破壞，到了這會，恐怕也難了。而且，即將到來的婚事也會將他們的注意力引開。

最重要的是，即使對方家裡要求妳早點去見面，也要在見面之後和他的家人保持一定的距離，更不可以涉足他的家事。否則一旦出現矛盾，那麼妳的印象就會急轉直下，和他的家人的矛盾也會無中生有。

晶晶和齊齊在大學三年級時，兩人就在一起了。畢業不久，齊齊就帶著晶晶回家見了父母。剛見面的時候，晶晶對齊齊父母的印象很好，覺得他們很隨和，也對自己的事情很關心。由於兩家離得比較近，齊齊的父母就叫晶晶常到家裡來玩。晶晶是個實在的孩子，覺得未來的婆婆喜歡自己，而自己多去，也可以和未來婆婆加深感情，於是就常常去齊齊家裡玩。

去的次數多了之後，齊齊的媽媽開始有意無意地向晶晶透露，自己家爲了供齊齊上學，已經花掉了幾乎全部的積蓄，所剩無幾了。

現在家裡最值錢的，是齊齊奶奶的舊平房拆遷後分的一套樓房，地段比較好，單價也挺高。但是家裡現在住的房子很快要拆，但要交幾十萬台幣，才能再換一個新房。齊齊的媽媽說，家裡根本拿不出這些錢。

晶晶聽了，雖然覺得自己還沒過門，未來婆婆對自己「哭窮」有些不合適，但另一方面，她認爲齊齊的媽媽肯跟自己講這些，是拿自己當一家人看待，也許是想讓自己和齊齊幫著想想辦法。

一次偶然的機會，晶晶從網路上看到當地有一處要改建的新大樓，由於地段稍遠些，加上建築商要籌款，所以價格比較便宜。

晶晶心想，反正齊齊家的新房是給兩人結婚準備的，而自己也不介意住得遠些，何不將新房換成這棟大樓，能省下很多錢，也可以解決眼前的拆遷問題，豈不是一舉兩得？

誰知，晶晶說出了自己的想法之後，齊齊的媽媽卻大發雷霆，對晶晶置之不理了。晶晶很納悶，自己爲他家著想，難道也錯了嗎？

案例中的晶晶，出發點是好的，但是卻讓未來婆婆大發雷霆，這是她意想不到的。

這也就表明，不是所有對的事情，都會有一個讓自己滿意的結果。因爲人與人所站的角度是不同的，在晶晶看來是在幫男友家解決問題，但在男友的媽媽看來，或許就是晶晶想操控她家的財產。

由此，也給所有在愛情中的女人一些警示，無論妳的出發點如何，盡量不要讓自己攪進對方的家庭生活中，否則只能給自己帶來麻煩。

愛情小心機

即便妳是一番好意，過早與男方家人見面也是戀愛中女孩的下下策，這樣只能引來男方家人的輕視。寧可被人怕，被人恨，不可以被人瞧不起。所以，女孩們還是矜持一點，等到時機成熟再去見妳的未來公婆。

第29忌

礙於面子和熱戀剛過就變樣的男人結婚

有的女人常說這樣的話：「男人追妳的時候是一個樣子，追到手後又是一個樣子，嫁給他後又是另外一個樣子。」這句話說明了男人的善變。其實，大部分男人並非如女人說得這般誇張，但也不排除確實有一些男人，在熱戀過後對情人的態度就有了一百八十度的大轉彎。有些男人更為過分，剛登記結婚就變了臉色。

對於這樣的男人，女人當然會失望、傷心，後悔這段婚姻。但很多女人礙於家庭的面子，或者不想成為人們口中的「二手貨」，就選擇將就，睜一隻眼閉一隻眼地和男人步入婚姻殿堂，最後斷送自己一生的幸福。

熱戀剛過就變樣的男人婚後只會變本加厲

在剛認識和熱戀時期，男人基本上都對女人十分殷勤、關愛有加，讓女人感覺無比幸福。但並不是每個女人的幸福感都會持續下去，有些男人在結婚後，或許是因爲太過於熟悉，就不再對女人那麼關懷備至了。

這並不能說明這個男人不好，反過來想，女人對男人的感情，也會有一個從十分火熱到趨於平淡的過程。這些是可以理解的。但是，有些男人在婚後立刻就變臉，對女人的態度從熱衷到冷淡，甚至剛剛登記，就發生了明顯的態度轉變，這就是無法理解、無法原諒的了。

如果男人出現這種轉變，只能說明他的本質不那麼善良，或者對女人不那麼眞心。對於這種情況，女人最好的處理方法就是快刀斬亂麻，結束這段沒有希望的情感。

然而，現實生活中，往往有很多女人礙於面子問題，或者不願意讓自己變成離過婚的人，就打落牙往肚子裡吞，將就著把婚禮完成。而這種婚姻的結果可想而知是難以幸福的。

小莉是一個農村女孩，在親戚的介紹下，和一個比自己大兩歲的男孩德強戀愛了。在兩人交往的半年裡，德強一直對小莉很體貼，並且經常買一些禮物給小莉，以討她歡心。

小莉覺得很滿足。半年後，德強家提出了希望兩人早日結婚的要求，小莉卻始終覺得半年不足以充分瞭解對方，希望能再多些時間互相瞭解。但德強的父母一直催促，德強也一直向小莉保證會讓她過得幸福，小莉想想這半年來德強對自己一直不錯，就點頭同意了。

接著就是拍婚紗照、緊張地裝潢新房。然後小莉和德強兩人登記結婚了。但令小莉意想不到的是，剛一登記，德強就像變了個人一般，不但不再主動關心小莉，而且經常無緣無故和她爭吵，甚至有幾次掛掉了她的電話。

剛開始，小莉以爲是婚禮的準備工作，給了德強很大的壓力，但誰知，這種情況愈演愈烈，吵到最激烈的時候，德強居然說出了「離婚」的話。小莉不由得有些傷心、後悔，但又害怕父母擔心，於是就將不悅壓在了自己的心裡。

幾天後，因爲一點小事，德強再次提出了「離婚」的威脅，小莉再也忍無可忍，也氣急敗壞地喊道：「離婚就離婚！」但其實，德強只是嘴上喊喊，並沒有眞的打算和小莉離婚，他一聽小莉眞的要離，便又說起了軟話，承認了自己的錯誤。

小莉十分無奈，想到父母已經通知了所有的親友，自己的同學和同事也都知道了結婚的事情，現在突然推掉，對家裡的影響也很大。於是無奈之下，小莉只好睜隻眼閉隻眼，完成了婚禮。

她的心中，也對未來充滿了疑惑，不知道自己能否眞的過得幸福。

小莉的遭遇十分讓人同情，但小莉的「軟弱」和愛面子也讓人有些「怒其不爭」。

從旁觀者的角度來看，德強這樣翻臉比翻書還快的男人，根本不能託付終身。

即使離婚會讓自己和家裡的面子蒙羞，但總比和這樣的男人生活一輩子要好得多。小莉選擇忍受，可想而知，她婚後的生活多麼讓人擔憂。

男人熱戀之後或者剛登記結婚就變臉，只能說明這個男人的品質和態度很有問題，這樣的男人不值得女人將自己的一生押在他身上。

如果女人遇到這樣的男人，那麼應該慶幸自己還沒有和他舉行婚禮，然後瀟灑地大踏步離開他身邊，而不是爲了一時的面子，斷送自己一生的幸福。

面子影響一時，幸福決定一生

熱戀之後或者剛登記結婚就變臉的男人，比結婚後變臉的男人更爲惡劣。這種做法將男人低下的品質暴露無遺。

因此，如果遇到這樣的男人，女人一定不要將就，應該迅速地選擇解除婚姻關係才是正確的做法。

小婉和肖白是一對看似非常幸福的戀人。幾個月前，肖白在朋友的婚禮上認識了漂亮大方的小婉，對她一見鍾情，開始了猛烈的追求攻勢。

很快，小婉就當了肖白的女朋友。小婉家庭背景一般，而肖白家則是有權有勢。僅僅幾個月後，肖白向小婉提出了結婚的請求，小婉只稍加考慮就答應了。畢竟，嫁入一個有家底的人家，對每個女人來說都是一個可靠的保障。

爲了早日「得到」小婉，在肖白的催促下，兩人確定結婚後，以最快的速度辦理了結婚手續。當天晚上，小婉就留在了肖白的住處。

誰知，沒過幾天的時間，小婉還沉浸在甜蜜之中時，肖白就來了個「大失蹤」。小婉打電話，肖白的手機一直處於關機狀態。

小婉到處給肖白的朋友打電話，卻只聽到「不知道」的回應。到了第三天晚上，肖白依然沒有動靜。小婉沒辦法，只好隻身來到肖白帶她來過的PUB。

本來，小婉並不認爲能在PUB裡找到肖白，她不相信肖白不與自己聯繫，卻來PUB裡玩。誰知，剛進門，就看到閃爍的燈光下，肖白正摟著一個妖豔的女人跳舞。

小婉不敢相信自己的眼睛，怔怔地站在舞池邊。這時正好一曲終了，肖白的手卻沒有從女人身上放開，而是直接將女人攬到了吧台前，擠眉弄眼地和女人喝起了酒。

小婉再也忍不住，衝上去對著肖白大喊了起來。肖白卻只是撇嘴笑笑，說這是自己的一個普通朋友。那份從容的神態，似乎對這樣的場面見怪不怪了。

小婉生氣地跑出PUB，第一件想到的事就是取消和肖白的婚禮。

第二天一早，小婉就直衝到肖白家裡，將自己在PUB裡的所見告訴了肖白的父母，並說自己要和肖白離婚。

肖白的父母是社會上有點臉面的人物，當然對這種「醜聞」十分在意，便叫來肖白，讓他向小婉道歉。之後，肖白的父母也輪流對小婉好言相勸。小婉終於被說動了，打消了離婚的念頭。

兩個月後，一場盛大的婚禮如期舉行。但就像一位名人說過的那樣，筵開幾席、花費多少金錢，並不代表婚後就能多幸福。

結婚後，肖白變本加厲，不但經常夜不歸宿，有時甚至趁小婉回娘家，偷偷將女人帶到家裡來過夜。小婉回家後，發現臥室的「蛛絲馬跡」，只能欲哭無淚。

小婉的遭遇並不令人意外，在婚前就已經開始「偷腥」的男人，婚後是絕不可能「老實」的，更何況，還有難捱的「七年之癢」等等客觀因素。

因此，女人要堅持一個原則，熱戀過後就搞外遇的男人，一定要不假思索地將他判出局。

如果女人將錯就錯，那麼只能讓自己變成等不到丈夫回家的「怨婦」，甚至讓自己的家變成一個風月場所。

除了「婚外情」之外，女人可能遭遇的男人「變臉」還有很多種，如對自己的態度變差、說謊、敷衍等等，但凡遇到這些情況中的任意一種，女人都要毫不猶豫地結束這段婚姻，以免日後產生更糟糕的結局。

不能存在僥倖心理，要抓緊時間離開

男人對女人的態度明顯變壞，女人最好的處理方法就是趕快離開，以避免受到更大的傷害。而很多女人不但沒有做出明智的選擇，反而會主動爲男人的變化找藉口，以安慰自己。這種做法，其實是在幫助男人「欺負」自己，讓自己處於更悲慘的境地。

張妍媛的男友林家揚是一家外商企業的人事主管，風度翩翩、溫文爾雅。張妍媛和男友在一起時間不長，才剛過半年，但張妍媛一門心思就想嫁給這個儒雅的男人。

因此，林家揚開口求婚時，張妍媛想都沒想就答應了。兩人很快登記結婚，並迫不及待住在了一起。

誰知，登記後的林家揚一改儒雅面孔，露出了粗俗的本色。

在兩人的家裡，林家揚從來不整理家裡，一進門就將臭鞋臭襪子隨地亂扔，當著張妍媛的面給朋友打電話，還會不時爆粗口。張妍媛沒想到，原本在自己眼中十分溫柔、儒雅的男人，會變成現在這個模樣。

然而，張妍媛並沒有產生不想結婚的念頭，而是安慰自己，林家揚一定是工作壓力太大了，需要一定的釋放。也許結婚之後，我的悉心照顧能夠幫他減輕一些壓力，他就不會那麼「放肆」了。

就這樣糊裡糊塗地舉行了婚禮。誰知婚後，林家揚不但沒有改善，而是變得更加隨意了，每週末都會叫很多朋友來家裡喝酒，經常鬧到半夜十二點，喝到高興了，還會摔酒瓶說髒話。

看著一片狼籍的家，張妍媛後悔極了。

發現錯誤就要即時改正。

當發現選錯了人時，就要在第一時間選擇離開，而不是自我安慰，將錯就錯。將就的後果，只能讓事情變得更糟。

愛情小心機

剛認識對方時，兩人都會將自己的缺點刻意隱藏，好留給對方一個完美的印象。但隨著感情的加深和互相的熟悉，兩人會漸漸將自己的「本色」展露出來。而登記、結婚，則會讓人感覺吃定了對方，不懼怕什麼，所以更會將自己隱藏已久的缺點毫無顧忌地暴露在對方面前。因此，看一個男人，最好的辦法就是看訂婚、登記後他對妳的態度。如果覺得不可忍受，那麼就要趕快離開，不可為了一時面子葬送終生的幸福。

第30忌

頭腦發熱 情路受挫就「閃電結婚」

兩人在剛認識不久就訂終身，稱為閃電結婚。以前明星閃電結婚的現象十分常見，但這類的事情漸漸被人們所接受，普通人中也出現了很多閃電結婚的現象。

面對閃電結婚，有些人在相處過程中已經產生矛盾，卻天真地以為結婚之後關係會改善；或者一個對職場感到挫折疲憊的女人，決定相親結婚逃進人生的另一個階段。其實，這都是踏入了情感的錯誤。

俗話說：「人無千日好，花無百日紅。」感情有時是最不可信的東西，情場上分分合合，更是常見的事。不要試圖以一段關係去逃避現實問題。愛情或婚姻不是用來解決問題的，相反的，它只會替妳製造更多問題，直到弄得妳焦頭爛額。

賭氣結婚只能讓自己遭遇兩次不幸

與愛人在一起的時間總是甜蜜的、幸福的，似乎世間根本沒有煩惱存在。然而，一旦發現愛人對愛情的背叛，一些女子便會採取極端的報復行爲，而因賭氣與另外的男人結婚便是這種報復手段之一。然而，婚姻最怕的，就是盲目和衝動。

試想，女人遭遇背叛，已經是一種不幸；而若再賭氣將自己的幸福押在一個自己不愛的人身上，又是再給自己製造另外一種不幸。聰明的女人，不應該讓自己遭遇兩次不幸，而應該振奮精神，從背叛自己的人身邊走開，去追尋屬於自己的幸福。

秀美和初戀男友浩民談了三年戀愛，癡情的她把青春和所有的愛都給了浩民。在浩民的蜜語溫存中，秀美覺得自己是最幸福的女子。浩民家貧，但秀美看得出浩民是一個很有上進心的男孩，不但不嫌棄浩民，還以各種方式幫助浩民。然而秀美卻在ＭＳＮ上意外地發現了浩民與其他女人的曖昧情話。這時，秀美才發現自己一直癡戀的男人，原來是個網路色情狂。

他們爲此爭吵不休，最後，浩民承認出於生理需要，喜歡女色，但他愛的還是秀美。秀美感到心底一陣抽搐，在打了浩民一記耳光之後，跑了出去。然而，秀美心中還是放不下這段感情。又糾纏了幾個月之後，秀美提出了分手，因爲她覺得自己對浩民的恨已經超過了愛。

一個偶然的機會，秀美認識了另一個男人。他很富有，但有過婚史，然而，秀美卻在三個月內和他結婚了。不爲其他，秀美只想找一種報復前男友的方式。而秀美現在的老公，只是想要一份可以向父母做爲交代的婚姻。

婚後不久，秀美覺得自己又陷入了新的苦惱：老公的花心、種種不良嗜好、嚴重的大男人主義，他前妻的糾纏，婆家的刁難……都是秀美始料不及的。雖然秀美感到了一時報復成功的快意，然而秀美不知道，自己的報復，前男友是否眞的在乎？更不知道，誰該爲自己這種愚蠢的報復方式買單。

每天錦衣玉食的秀美，卻常常望著窗外發呆。她很迷惘，自己想要的並不是這樣壓抑的生活，下一步應該怎麼辦？

在如今這個開放的社會中，結婚似乎很容易，只要兩人拿身分證登記一下便可以了。但是，結婚容易，過好婚姻生活卻很難，因爲條件不只是遵守一紙法律契約，而是學習那無法在結婚證明紙上寫清楚的愛。所以，女人在結婚前，一定要愼重。因爲婚姻不是兒戲，它需要妳付出很高的代價。

很多經歷過戀愛長跑的婚姻都不能保證幸福，更何況是剛認識幾天的「閃電結婚」呢？彼此之間甚至沒有足夠的瞭解，更不用提感情基礎與相互磨合了。因此，女人不管遭遇過什麼，都不可以頭腦發熱，隨便找個人嫁了。這種不負責任的做法，不但不會給背叛妳的人帶來傷害，還會將自己推向另一個不幸的深淵。

「閃電結婚」的家庭生活品質岌岌可危

如今社會思想開放，人們追求幸福和自由，離婚的機率也越來越高。據調查顯示，在離婚的夫妻中，「閃電結婚」的夫妻佔了很大一部分。原因很簡單，閃電結婚的兩個人，本來就對彼此不夠瞭解，根本沒弄清楚兩人是否合適，就匆匆步入了婚姻殿堂。而在朝夕相處的生活當中，那些不和諧的因素必然會暴露無遺，成爲兩個人摩擦的主要原因。再加上「閃電結婚」的人並沒有深厚的感情基礎，那麼離婚就很順其自然了。網路上流傳，有一對情侶剛認識就在某個上午閃電登記結婚了，但兩人很快都後悔了，又在當天下午辦理了離婚手續。從結婚到離婚，只經歷了幾個小時的時間。這種「閃電結婚」又「閃電離婚」的現象，除了給兩人的婚姻與戀愛生活抹上不理智、不光彩的一筆之外，絲毫沒有益處。

另外，一些因爲感情受挫就閃電結婚的女人，更是十分不應該。手裡握著愛情的兩個人，就像握著一個橡皮筋的兩端，當其中一個人鬆了手，受傷害的必定是那個緊拉著不放的人。賭氣的婚姻也是這樣。儘管看起來賭氣把自己嫁出去的女孩似乎得到了幸福，但在這場博弈中，她就是那個拉著橡皮筋不肯放手的人。

玉萍是獨生女，聰明漂亮，家境殷實，父母對她自然百般愛護，然而也養成了她刁蠻任性的個性。

上大學時，玉萍與同校的一名男生相戀。但男孩因爲受不了她的任性而很快提出分手，這對玉萍打擊很大。眼看著身邊的同學都出雙入對，玉萍羨慕不已。不久，她將眼光轉向了網路，並很快與一位網友相戀。見面後玉萍才知道，男人大她好幾歲，而且有過婚史。雖然玉萍的父母堅決反對女兒與這樣的男人交往，但玉萍覺得年長的男人才更可靠。

在多次勸說無效的情況下，父親一怒之下第一次打了她。也就是父親的這一巴掌，把她眞正打到她那個男人身邊去了，她賭氣與他結了婚。

不久，玉萍發現自己懷孕了，而且她還發現了一個讓她無法接受的事實：她老公是個癮君子，總是背著她吸食毒品。玉萍不敢將這件事對父母說起，也不知道該怎麼辦。

玉萍想過離婚，但一想到孩子還沒有出生就沒了爸爸，她就心痛不已。她天眞的以爲只要自己對老公好，一定會感動老公，讓他把毒癮戒掉，但是她想錯了。每次老公毒癮發作的時候，就會出手打她，清醒過後就會跪在她面前涕淚交流地請求她的原諒。如此反覆幾次後，玉萍眞的絕望了。

無奈，玉萍將實情告訴了媽媽。畢竟是父母心疼女兒，即使再恨，也不能眼看著獨生女兒走到絕路上。玉萍在父母的勸說下，偷偷打掉了孩子，然後辦理了離婚手續。

而玉萍的這場婚姻，自始至終不足一年，留給她的，是身上和心上的累累傷痕。

那些年輕、稚嫩、任性的女孩應該知道，愛情不是生命的全部，不管出於何種原因，拿自己的婚姻賭氣都是不會有好結果的。最終，只能像故事中的玉萍那樣，自己去舔滴血的傷口。所以，走進婚姻前請妳一定要考慮清楚，不要去嘗試沒有愛情的婚姻，否則只會給自己帶來不幸和悔恨。

頭腦發熱的婚姻對於兩個人來說都是悲劇

在如今這個交往頻繁、快節奏的時代裡，一切都在加速，過去那種「馬拉松」式的戀愛模式，正在接受新時代、新理念的衝擊與挑戰。新生代在應接不暇的時空隧道中穿行，對持久戰式的戀愛已心生叛逆，也因此，「閃電結婚」大行其道。

「閃電結婚」也許因爲一見鍾情，但這往往是一種非理性的激情。而婚姻更多的是愛與責任，再熾熱的愛戀終究要歸於平靜，細水長流。

那些因爲賭氣，或者因爲壓力走進婚姻的女人是懦弱的，她們只會用逃避解決問題。她們幼稚又好衝動，所以才會因爲賭氣而要結婚，又因爲結果不如己願而怨天尤人，不斷想念舊情人的好，看不到丈夫的柔情呵護。這樣做的後果是，原本是一個人的痛苦，卻讓兩個人，甚至兩個家庭來承擔。

愛情小心機

「閃電結婚」本就缺乏理智可言，因為感情受挫就隨便找個人結婚的行為更是讓人無法理解。當一個女子放縱感情，因為賭氣而迅速走進婚姻，然後又因為結果不如己願而怨天尤人時，她喪失的不僅僅是愛情，同時還失去了「愛」的能力。

第31忌

不擇手段逼迫他娶自己

在愛情中，女人總是渴望天長地久，渴望男人的承諾。但實際上，如果女人在和男人談戀愛時，就要求他承諾會和自己結婚，並以此做為談下去的基礎，對於男人來說，這是很可怕的一件事情。比如妳去一個公司應聘，這個公司的人事經理說：「來吧，跟我們簽個終身合約，我們可以給妳最高的年薪，最好的福利。」對於一個新人來說，在不瞭解任何情況的前提下，就得把自己的一輩子賣給這家公司，這樣的合約，妳敢簽嗎？

其實，逼著男友和自己結婚的做法，就如同逼著妳跟公司簽終身合約一樣，是捨本逐末的做法，最後會把人嚇跑。即使勉強結了婚，也未必會幸福。聰明的女孩，千萬別做這種傻事。

一哭二鬧三上吊的時代過去了

在一些古裝電視劇中，我們經常看到這樣一些鏡頭：女人因爲在男人那受了委屈，或者強迫男人給自己某種物質或承諾時，爲了達到目的，常把坐地大哭、摔東西、胡鬧，甚至掛根繩上吊的招數使出來。

這種電視劇反應了當時社會的一種現象，但在現代社會中，「一哭二鬧三上吊」已經不再流行了，也更讓男人無法接受了。

這是一個講究文明、理性對話的年代，而不是看誰鬧得凶，就說明誰的氣勢高。

新時代的女性要有這樣的慧根：如果失戀，不要屈尊俯就，更不要尋死覓活，因爲他若眞正在乎妳，一定會追妳到天涯海角；而若他心中已沒有妳的位置，即使強迫，也是惘然。

尋尋覓覓，倩文終於和明興擦出了愛情的火花，並很快同居。情到濃時，兩人海誓山盟許下終身。

他承諾一定會娶她，給她買房子，好結婚之用。倩文陶醉在幸福的憧憬中。

不久，公司派明興去另一個地區工作一年。他們之間開始了遠距離戀愛。

節日假日，倩文則去那邊與明興約會。

然而，倩文漸漸發現，半年之後，明興似乎對自己越來越冷淡。她懷疑他在外面又有了別的女人。於是，她辭職去了明興工作的地方，並在那裡偷偷租公寓住下。

經過明察暗訪，倩文證實了自己的懷疑。她發現明興和另外一個女人走得很近，倩文氣憤至極。

一次，當明興與那個女人在某咖啡廳幽會時，被倩文當場捉住。她大吵大鬧，打了男友和那個女人，還以死逼婚，並用早已準備好的水果刀割破了手腕。

明興看形勢嚴峻，趕緊將倩文送入了醫院。在醫院中，明興對倩文呵護有加，並承認自己錯了，請她原諒，自己一定改正。並表示，等倩文一出院，就和她去辦理結婚手續。

就這樣，倩文的身體一天天好了起來。

但意外的是，待倩文出院後，明興把她送回到她的父母身邊。然後，他謊稱去公司請婚假，就再也沒有出現。倩文找到明興工作的公司，公司卻說他早已辭職；又找到他家，發現早已人去樓空……

倩文四處打聽明興的消息，後來聽明興的朋友說，明興其實在被倩文剛發現時，並沒有打算眞的離開她，只想等倩文火氣消了之後再賠禮道歉。

誰知，倩文一連串的「胡鬧」，讓明興對這個女人產生了畏懼，覺得自己不能一輩子拴在這樣的女人身上。在醫院時，明興思索良久，最終還是決定離開倩文。

男人喜歡的女人類型多種多樣，幾乎所有類型的女人都能找到人愛。

但是唯獨一種女人——無理取鬧的女人，只會讓男人望而生畏。

即使男人已經和妳在一起，甚至已經結婚，而妳太愛胡鬧的話，也遲早會讓男人離妳而去。

因此，與其尋死覓活地拖住一個男人死纏爛打，不如想方設法把自己打造成男人眼中的魅力女性，讓他乖乖聽自己的話，而不是透過「一哭二鬧三上吊」的方式來強逼。

千萬別妄想用貞操換取他的戒指

在兩個人相處的過程中，如果相處得好，自然水到渠成地會步入婚姻的殿堂。可是有些女孩卻過於著急，生怕男方會「甩掉」自己，於是急著讓男人給自己一個承諾。當這個願望總無法實現時，有些女孩甚至會想到一個「奇怪」的方法，就是用自己的貞操將男人留住。更有甚者，女孩覺得自己有了孩子，男方就會迫於壓力跟自己結婚。

其實，這些想法都是比較愚蠢的。如果一個男人真心愛妳、想娶妳，那麼就不會在婚前讓女孩大起肚子，也不會讓女孩以這種方式來犧牲自己。當時機成熟時，他會主動向女友求婚。

假如男人不是真心想結婚，那麼即使兩人有了夫妻之實，男人也不會因此而妥協。到頭來，受傷害的還是女孩。

因此，女孩子婚前一定要把握好自己。但一些女孩總抱著這樣的想法：「既然我把自己的身體交付給心愛的男孩，我就一輩子認定了他，一定是他的人了。」

然而，她們不知道，當一個女人用她的貞潔套住一個男人的時候，是這個男人最可悲的時候，也是那個女人最可悲的時候。因爲，他們都是感情上的騙子——既騙了別人，也害了自己。而眞正的愛情是不能被任何東西要脅的。

和很多大學生戀人的經歷一樣，玉梅和志新的故事很常見。他們是大學同學，工作後又同在一座城市，出於對彼此的好感，讀大學時他們就成了戀人。隨著畢業、工作，很多人的戀情走到了終點，但他們始終相處融洽。

轉眼間，兩個人已經相戀四年。隨著年齡的增長，玉梅的家人幾次催促他們結婚。而玉梅也曾幾次向志新提出準備結婚，可是志新總是藉口工作太忙推辭，弄得她很無奈。

其實，玉梅也知道，志新的確很忙。畢業後，志新一直在一家公司工作，隨著公司規模的日益擴大，他的職務提升了，工作量也增大了。而面對生存的壓力，志新不得不把全部的身心都投入在工作中。

可是不知爲什麼，玉梅開始對志新不放心了：他的職務升了，應酬多了，身邊的美女也多了。相比之下，自己再也沒有往日的優勢，工作平平，相貌平平，他會不會拋棄自己？

玉梅越想越不放心，卻又不能直說。想來想去，她想到了用懷孕的辦法逼志新結婚。

之前，志新和大部分男生一樣，曾提出同居的要求，被玉梅拒絕了。而這次玉梅主動提出時，志新當然很高興，很快和她住在一起。

爲了懷孕，玉梅總騙志新說自己吃了避孕藥，但實際上，她每次都將買來的藥扔掉了。三個月之後，她眞的懷孕了。

當她把這個消息告訴志新同時再次向他提出趕緊結婚的要求時，志新沒有再推辭，但卻沒有半點熱情和驚喜，行動上也缺少主動和積極，這讓玉梅感到失望和傷心。

兩個月以後，兩人舉行了婚禮，玉梅隨即做起了全職太太。不久，他們的女兒出生了。隨著家庭事務的增多，兩個人之間爭吵不斷。

而最令玉梅不滿的，是他對女兒似乎一點都不在意，更不幫自己做家務。玉梅也開始變得粗枝大葉，不再顯現自己的柔情。不但經常不收拾房間，還總出去打牌到半夜。

夫妻之間的爭吵自然越來越嚴重。不久，志新自然也被弄得身心俱疲，感覺不到家庭的溫馨。這樣的婚姻勉強維持了三年，就走到了盡頭。

案例中的志新之所以對自己的女兒不那麼重視，大概是將自己被迫結婚的不滿加在了孩子身上，或者是說，這個女兒的到來，是不受爸爸祝福和期待的，而且讓爸爸認爲她給自己帶來了麻煩。

因此，女孩一定要汲取這樣的教訓，很多事情是勉強不來的，用貞操和懷孕的方法來強迫他給自己戴上婚戒，只能讓自己和孩子在他眼裡都貶值。千萬不要以爲妳是爲他付出了貞潔，他會對妳憐香惜玉感恩戴德。

其實，這也是在降低妳的身價。當一個女人主動投懷送抱的時候，誰能保證男人不會看輕自己?當然，想要得到幸福的婚姻，應該需要用心，也需要勇氣，但要把握好分寸，不能抬高對方，更不能降低自己。

情淡了就放手

愛情來的時候是甜蜜幸福的，但誰都無法保證一份愛情能夠長長久久。隨著兩人各自的成長，以及對彼此的瞭解，很可能一段感情無法走入婚姻殿堂就面臨結束。

當愛情不再時，女人最明智的方法就是轉身離開，而不是想盡辦法挽留，強迫一個不愛自己的人娶自己。這種做法最終只能害了兩個人。

俗話說：「強摘的瓜不甜。」凡事不可強求，愛情也是一樣。愛情並不是只要妳願意，只要妳付出，它就會永遠留在妳身邊的。

無論妳覺得你們曾經多麼相愛，但當對方已經不在乎這些，當對方已經對妳的付出沒有任何感覺，不管妳再怎樣不捨，這段感情也已經走到了盡頭。

當愛已經成爲往事，妳還死死揪住不放，除了讓別人輕視妳之外，沒有任何意義。而此時妳要做的，就是放手。

對於女性來說，放棄一段感情很不容易，因爲畢竟曾經眞心地付出過。

但是，妳應該明白，當那段美好的愛情已經離妳而去，妳必須放手。放手，對自己而言，又何嘗不是一種另尋幸福的希望呢？

其實，揮揮衣袖，瀟灑地說聲再見，才是感情受挫時最明智的選擇。

愛情小心機

愛情是兩個人的事，是無法有任何的強制與逼迫。因此，聰明的女子應該明白，逼一個妳喜歡的男人娶妳的最好辦法，就是讓自己變得更出色。除此之外，沒有任何辦法能讓他更心甘情願地帶妳踏上婚姻的紅地毯。

第32忌

不修邊幅 婚後變黃臉婆

俗話說，女為悅己者容。在婚前，女人恨不得使出渾身解數打扮自己。可是一旦結婚，有些女人就會放鬆對自己的要求。據有關調查顯示，男人認為，女人婚後不修邊幅，56.8%可能是出於「保險箱」心理，無論是丈夫不施壓力還是自己過於放鬆，最終導致了不修邊幅的狀態。

無論出於什麼原因，女人都不應該一結婚就讓自己變成人們口中常說的「黃臉婆」。要知道，男人都是視覺動物，如果妳在婚前和婚後的反差太大，那麼即使已婚、即使感情基礎十分牢靠，也難保老公不會有意見。另一方面，哪個女人不愛美呢？黃臉婆的直接後果，就是使自己的生活失去了太多的精彩。

女人婚後更要美麗

不可否認，有些女人婚前婚後的形象差別甚大。她們爲自己找的理由很多：比如工作忙、家務事多，有的還認爲「婚都結了，沒必要再戴上華麗的假面具了」……那麼男人是怎麼想的呢？他是眞的不在意，還是萬千話語憋在心中，不敢說呢？

一項有關調查顯示，只有一半的男人認爲妻子結婚後還和以前一樣漂亮，也就是說，至少有一半男人覺得妻子的外形和婚前反差太大，其中大多是出於妻子體重狂升、外形邋遢。

調查顯示，有三成的丈夫表示對妻子婚後的形象不滿意，其中有接近六成的丈夫敢於向妻子提出意見，剩下的都不敢「冒昧進言」，怕說得多了，妻子就會產生不滿的情緒，甚至認爲男人嫌棄自己、不愛自己了。但很多「小三」、「狐狸精」的出現，也說明一個問題，男人對女人形象的要求還是很高的，如果女人太過於放鬆自己，那麼遲早會把男人推向別人的懷抱。

對於女人來說，不僅結婚前要盡量讓自己以美麗的形象示人，在結婚後，也完全不能有放鬆的思想，而要讓自己更加漂亮整潔。

女人最忌諱的就是婚前很美麗、婚後對男人沒了吸引力。這樣的婚姻是十分危險的。

試問哪個男人不希望自己的老婆漂亮呢？從女人的角度來說，婚姻並不是結束自己美麗生活的墳墓，相反，婚後才是盡情發揮自己女人魅力的大好時光。

結婚後的女人才更加有風情、更加成熟、更有女人味。

而這時女人只要稍加注意，就能讓自己容光煥發。美麗的女人自然有自信，自信的女人才能活得更美麗。

姍姍和家琪是大學室友，都是名副其實的美女。大學時，由於課業比較輕鬆，兩個人經常聚在一起討論美麗祕訣，一有空就將自己打扮得漂漂亮亮的。兩人走在街上，引得所有的人都會多看她們兩眼，學校裡的男同學更是對兩人青睞有加。

巧的是，在眾多追求者當中，兩人偏偏看上了兩個同一類型的男生，不僅外貌乾淨高大，還有很好的脾氣秉性。更巧的是，兩人竟然來自同一個家庭——親兄弟。

畢業不久，姍姍和家琪就分別和兄弟兩人結婚了。姍姍當了家琪的嫂子，家琪成了姍姍的弟妹。

這樣的關係，使得四人常常形影不離，無論去哪裡，兩個男人都喜歡帶著自己美麗的媳婦。帥哥美女的組合，也讓他們走在街上吸引了不少目光。

婚後，為了早日添丁，姍姍和家琪都留在了家裡。懷孕過程中，兩人都比之前胖了不少，原本俏麗的身影不見了。小孩生下幾個月後，姍姍便進入了緊張的恢復身材課程中，而家琪卻不見動靜，每日還是拖著胖胖的身子，抱著孩子到處走。

小孩稍微大點之後，兩個丈夫開始同時帶著媳婦和孩子到處玩。每當兩家同時出現時，朋友們都會簇擁著身材恢復得很好的姍姍，誇她是個辣媽。而旁邊胖胖的家琪母子，卻少有人問津。

慢慢地，家琪發現，丈夫看自己的眼神不再像以前那樣充滿愛意了，有時甚至刻意躲避自己，不讓目光與自己相對。家琪隱約感覺到，丈夫有些嫌棄自己了。

又過了兩年，孩子該上幼稚園了，在家中賦閒已久的姍姍和家琪，商量著準備找個工作，讓自己空閒的生活充實一點。

誰知，每當資歷相當、年齡相當的兩個人同時出現在一家公司時，人事部門總將話題重點放在姍姍身上，甚至有公司直言相告：公司也需要一些形象工程。

姍姍和家琪分別代表了兩種女人的不同境遇，可悲的是，家琪的這種遭遇，是由於自己的懶散造成的。

女人保持美麗，不僅能夠讓丈夫對自己的愛不減淡，更能讓自己在工作、社交中都佔據一定的優勢。

俗話說得好：「不漂亮不是妳的弱點，但漂亮絕對是妳的優勢。」女人為了自己接下來的幾十年能夠活得漂亮，一定要保持自己做為一個女人的婀娜、整潔和美麗。

打扮自己，緊緊抓住老公的心

婚姻問題中，最讓人擔憂的一項就是外遇。而男人有外遇的一大原因，就是家裡的女人變成了黃臉婆，自己實在不願與她同床共枕，而跑去外面「尋花問柳」。

當家庭出現這種情況時，大多數女人都會將責任全部推到男人身上，似乎是男人毫無道理就犯了彌天大錯。

雖然外遇的最大責任肯定是在男人身上，但女人平心靜氣地想一想，是不是由於自己婚後太邋遢、太不修邊幅，而將自己的男人推到了別的女人身邊。

畢竟，愛美之心人皆有之，看見光鮮漂亮的女人，再對比家中肥胖、邋遢的老婆，男人肯定會有一個內心的傾向。當這種傾向越來越明顯時，難保男人不會伸出「邪惡」的手掌。

因此，要防止老公出軌，女人首先就要從自己身上下工夫。

下面是一個結婚四年的男士，在網路上發表的文章：

求助：

我跟老婆結婚四年了，在婚前，她是很漂亮很會打扮的。和她結婚時，我以爲自己一輩子都會有一個美女相伴。

但誰知，自從我們的小孩出生後，她就開始發胖，到現在三年了也沒變瘦。其實說心裡話，雖然我不是很喜歡她的胖，但我還是可以理解和接受的，畢竟她是爲了要寶寶才變胖的。但讓我無法忍受的是，她整年的頭髮都綁成一團。我每次走在街上都在看，那些四十、五十歲的阿姨也沒有這樣的髮型啊。而且這樣的髮型，就更顯得她臉胖了。但她卻一點都沒有意識到，或者根本不在意。

一年三百六十五天，幾乎有三百天都穿著鬆鬆垮垮的睡衣，有時候出門也不換，更別提化妝了。以前我想著她天天在家帶小孩無所謂，但現在小孩都上幼稚園了，她也沒上班，沒有緊張的工作壓力，每天還是這個樣子，在家除了上網就睡覺，別提有多邋遢了。

說心裡話，有時候在街上看見各式各樣的美女，回家又看見她這副樣子，連正常的夫妻生活都不願意過了，搞得她總以爲我有什麼問題。

有幾次，我實在忍受不了了，逼著她去做頭髮。結果幾千塊做的頭髮，幾天就又綁成一團了。再多說兩句，她就說我是不是不愛她了。其實我還是很愛她啊，就是受不了她總這個樣子。現在的我簡直是不吐不快了，哪位能出來幫幫我啊？

這位男士的求助文章十分誠懇，既讓人發笑，也讓人十分同情。

的確，老婆婚前婚後如此大的落差，肯定會讓人難以接受。

這位男士的做法還算比較合情合理的，先是表示理解、接著暗示老婆改變、最後無奈時發文章求助。換做花心的男人，也許早就鑽入別的女人房中了。

看了這個文章，廣大女性朋友有沒有什麼觸動呢？是不是彷彿看見了自己呢？如果是，就趕快行動起來，讓自己守住老公的心，將「婚外情」扼殺在搖籃裡。

教妳幾招，蛻變為全新的自我

相信婚後變「邋遢」的女人，其實也都明白這層道理，或者說也都有過重新變瘦、變美麗的慾望，但可能出於種種原因，總是沒有動力，減肥堅持兩天就放棄了，化妝打扮也是三分鐘熱度。

那麼，如何提高女人的主動性呢？可以從以下幾個方面入手：

1.多去商場逛逛。邋遢的女人大多是在家賦閒太久，不用出門，不知打扮有什麼意義。有這種想法的女人，建議沒事時就到商場去逛一逛，看看櫥窗裡美麗的衣服，再對照一下自己塞不進去的身材。順道還可以看看街上的美

女，不光看她們的倩影，也打量一下她們美麗的妝容，再偷偷看一下路邊男人的目光，一定都停留在她們身上。

2.多和老公參加一些活動。老公下班之後，如果有飯局什麼的，就要盡力和老公商量一起去參加。這樣，往往就有了打扮的動力。當妳在飯局上看到別人身邊的女人都婀娜多姿、精心裝扮，而自己大腹便便、毫無妝容時，就會後悔自己爲何那麼邋遢了。

3.閒來無事就去上班。上班也是改變女人懶散態度的一個好方法。每天跟同事、主管打交道，相信沒人好意思邋裡邋遢吧。

總言來說，邋遢、不修邊幅的女人就是要讓自己多受受刺激，不久便能改變自己的生活態度。

愛情小心機

其實，女人婚後是否要注意形象，絕不僅僅是為了滿足男人，更多的是一種生活態度。畢竟大部分男人的要求並不高，只要乾淨、整潔就好。一個女人能把自己、家庭都打理得井井有條，賞心悅目，絕對是種大大的能力。顯然不是所有女人都具備這樣的能力。而具有這樣能力的女人，幸福又豈會錯過她呢？

第33忌

「唯他命」症候群
在愛情中一味取悅和讓步

生活中，不難見到一些找到了意中人的癡情女人，她們對自己的男友或丈夫愛護備至，唯恐失去了對方的歡心。於是，她們以「士為知己者死，女為悅己者容」為忠實信條。為了取悅愛人，她們做出了種種讓步，有的甚至把男人的每句話都奉為「聖旨」而不敢違逆。

當然，女孩們的這些舉動都源於一個美好的願望，即希望自己更加得到男友的鍾愛，渴望自己的愛情美滿幸福。這自然無可厚非。不過問題在於，這樣做的結果往往事與願違。過分取悅對方，往往會使自己得不償失。

不要用容顏來取悅他

在戀愛的時候，女孩子將自己打扮漂亮，的確會為自己加不少分，讓男孩更喜歡自己。女為悅己者容，很多女孩為了讓男友更喜歡自己，總是願意按照男友的喜好打扮自己，以為這樣他就會更愛自己。而事實證明，女孩們的美好心願常常落空。因為如果妳一味取悅於他，反而會讓他給妳打低分。這樣，妳們的愛情就會亮起紅燈。

巧琳是一個相貌清秀的女孩，在一家公司做行政工作，與同事亮智相愛。但巧琳卻始終有一個打不開的心結，因為她是個平胸女孩，一直被女同學戲稱為「太平公主」，這讓她很自卑。

一次，巧琳忍不住問亮智是不是在乎這個，他猶豫了好久，很勉強地說：「不會啊，我愛的是妳這個人。」但女性的直覺讓巧琳感覺到亮智說的是假話。因為每次他們一起上街，他都會盯著迎面走過來的那些胸部豐滿的女孩多看幾眼，巧琳雖然嘴上沒說什麼，但心裡卻像打翻了五味瓶一樣。

戀愛兩年多以後，他們終於決定結婚了。然而，結婚前的一天晚上，巧琳卻偶然發現亮智與一個胸部豐滿的女子在調情。巧琳哭著跑出了門，扔下了一臉驚愕的未婚夫。巧琳帶上所有積蓄辭職去了另一座城市，並很快找到一家美容診所做了隆胸手術。手術很成功，走出美容診所的巧琳覺得自己獲得了一種從未有過的自信。可是當她興沖沖地趕回到亮智身邊時，亮智已經與別的女人結婚了。

一年後，巧琳又與另一個男孩戀愛。男孩很喜歡她，他們在一起也有過親密行爲。看到男孩激動的樣子，巧琳也很興奮。但當她告訴對方自己做過隆乳手術時，男孩目瞪口呆。

不久，巧琳問男孩結婚的事，男孩推諉說結婚是不可能的事。

兩人分手了，之後巧琳再也不敢交男朋友了。

由此可見，要讓男友眞正喜歡妳，女孩絕不能靠一味地過分取悅，而是要靠自己內在的和外在的魅力、氣質、言行舉止的吸引。假如一味取悅他，只能使自身的形象受到損害。特別是對於那些情感庸俗的男人來說，女孩在他面前就會失去「神祕感」，以致於他最終對妳徹底失去興趣。

一味遷就只能讓他得寸進尺

在人際交往中，取悅他人應該是尊重他人、接近他人的一種方式，是人際關係中一種情感行爲的表達。如果一個人能夠創造或帶給他人快樂，在共同的快樂中取悅，這是平等的、相互的、滿足的、幽默的，這是接納他人愛他人的健康表現，是一種美德。

然而，過分服從並取悅別人的人，過分依賴他人而又喪失自尊心的人，是缺少人際交往的吸引力的。而在愛情中同樣如此。不管是在戀愛還是婚姻生活中，女人一味取悅男人，並不能讓男人對自己更加寵愛。

相反，男人會覺得自己在兩人的關係中佔據很重要的地位，反而會有很強的優越感，就不再懂得退讓和包容女人了。由此可見，女人一味討男人的好，只能是搬起石頭砸自己的腳。

二十二歲的女大學生芙蓉愛上了一個有錢的男孩，男孩對她也很有好感。只是，男孩周圍不乏美麗富有的女性追求者，這使家境相對貧寒的芙蓉很自卑。

爲了能和男友「門當户對」，芙蓉偷偷利用假期做陪聊小姐，專門陪有錢人聊天，後來，她又甘心被富人包養，以賺錢來維持與男友約會的高昂費用。但男友在瞭解了這一切之後，不但沒有被她的行爲感動，而且最終和她分手了。痛苦的芙蓉打掉了肚子裡的孩子，因爲連她自己都弄不清，孩子的父親是誰。而令她更不安的是，她不知道學校會對自己如何處理，自己的學業能否繼續。

芙蓉的例子雖然比較極端，但也反映了現在社會中的一種戀愛現象。很多女孩爲了自己愛的人，甘願付出一切，甚至是自己的貞操、清白。這種打破道德底線的行爲，是最不值得提倡的。

若想男友對自己愛得多一些，取悅他絕對是下下策，往往會適得其反。在男友面前，女孩與其一味取悅、討好他，不如保持自己的魅力。而戀人之間的所謂「魅力」，在某種程度上講，就是對方總覺得妳有一種「未知的深度」，總有一些待發現的發亮點在妳身上存在。如果妳的個性全部消失了，任何特點沒有了，只剩下對對方的一味服從，那妳是無法長久地保持自己的「魅力」的。而沒有魅力的女孩，自然會令男友乏味。

冰菁今年上大學二年級，學文科的她，心中裝滿了浪漫情懷，期望有一天能遇見一個夢想中的白馬王子。在一次大學藝術課上，冰菁認識了一個音樂系的男生凱文。凱文的歌聲十分好聽，外形也很帥氣，一下子就抓住了她的心。開放的冰菁立刻展開了對凱文的追求。

冰菁先是問到凱文的電話號碼，然後頻繁地約凱文吃飯。為了讓自己給凱文留下好印象，她在每次約會前，都會先去做美容，將自己打扮得漂漂亮亮的。而在吃飯時，也總是選擇凱文喜歡的餐廳，並在聊天過程中一味取悅凱文，不是誇凱文，就是對凱文的話表示萬分贊同，弄得凱文常常什麼話都不敢說了。不久，冰菁發現了一個嚴峻的問題：凱文有心儀的女孩，是和自己同班的心怡。在冰菁看來，心怡是一個很平凡的女孩，甚至有些冷漠。心怡從來不跟男生走得太近，也很少主動跟男生說話。冰菁覺得，自己肯定比心怡有優勢，因為自己已經和凱文打得「火熱」了。

但令冰菁沒想到的是，她追凱文追了足足一年多，也沒能贏得凱文的心。而默默無聞、從來沒有主動出擊的心怡，只要稍微給凱文一個微笑，或者哪天跟他多說了幾句話，凱文的興奮就溢於言表。最後，冰菁不得不放棄了。

愛情是個奇怪的東西，往往是妳越急功近利、唯他是從，那他就越不著急、越不懂得珍惜妳。相反，妳只消稍稍表現出冷淡，那麼另一方的他就會沉不住氣，反倒比妳更加急切了。

兩個人婚後的相處過程也是同樣的道理。婚後的生活瑣碎而繁雜，如果女人一味將所有責任都攬到自己身上，必然會將丈夫「慣壞」。久而久之，他就會被養成一個「懶人」，形成什麼事都交給女人操辦的慣性。最後女人承受不了重大壓力而爆發時，就會給家庭生活帶來很大的危機。

聰明女人拉著老公一起做家務

中國自古以來形成的家庭傳統是「男主外、女主內」，在一般的家庭中，家務事多半都是由女人來完成的。但是，這並不代表女人就應該承擔全部的家事。尤其在現代社會中，家庭主婦越來越少，外出工作的女人越來越多，女人在承擔工作壓力的同時，還要負擔起全部的家務事，就太有失公平了，也會讓女人吃不消。雖然女人做家務是體貼愛人的一種方式。然而，不少女人卻主動地承包了所有家務。這樣精心呵護的結果呢？往往是培養了一個不負責任、不知體貼的男人。

女人不要小看男人做不做家務的「小事」，要知道，承擔家務意味著承擔家庭責任。況且，兩個人共同分擔家務還有促進感情的功效，讓他更能體諒妻子的辛苦。會做家務的男人應該也是顧家的男人，而顧家的男人總是不那麼容易讓女人受傷。因此，聰明的女人就要學會帶著老公一起做家務。這樣不僅能減輕自己的負擔，讓丈夫體會到自己的辛苦從而產生責任感，還能在共同做家務的過程中增進夫妻感情。當妳要他幫忙帶孩子，當妳和他一起去買菜，當妳與他一同收拾房間，並且在做這些事情時，妳不時的裝點傻表明自己有些笨，讓他展示自己的聰明來解決問題。如此，他對這個家的責任感會越來越強烈，覺得這個家需要他，離不開他。

愛情小心機

戀愛中的女人一定不要把男人視為全部，愛得忘了自己。要知道，愛情需要付出，但一定要有底線。只有理智的戀愛、適當的付出和索取，才是對待愛情應有的態度。在愛情中，女人要懂得累積自身的資本，因為它比一味取悅男人的效果要好得多。

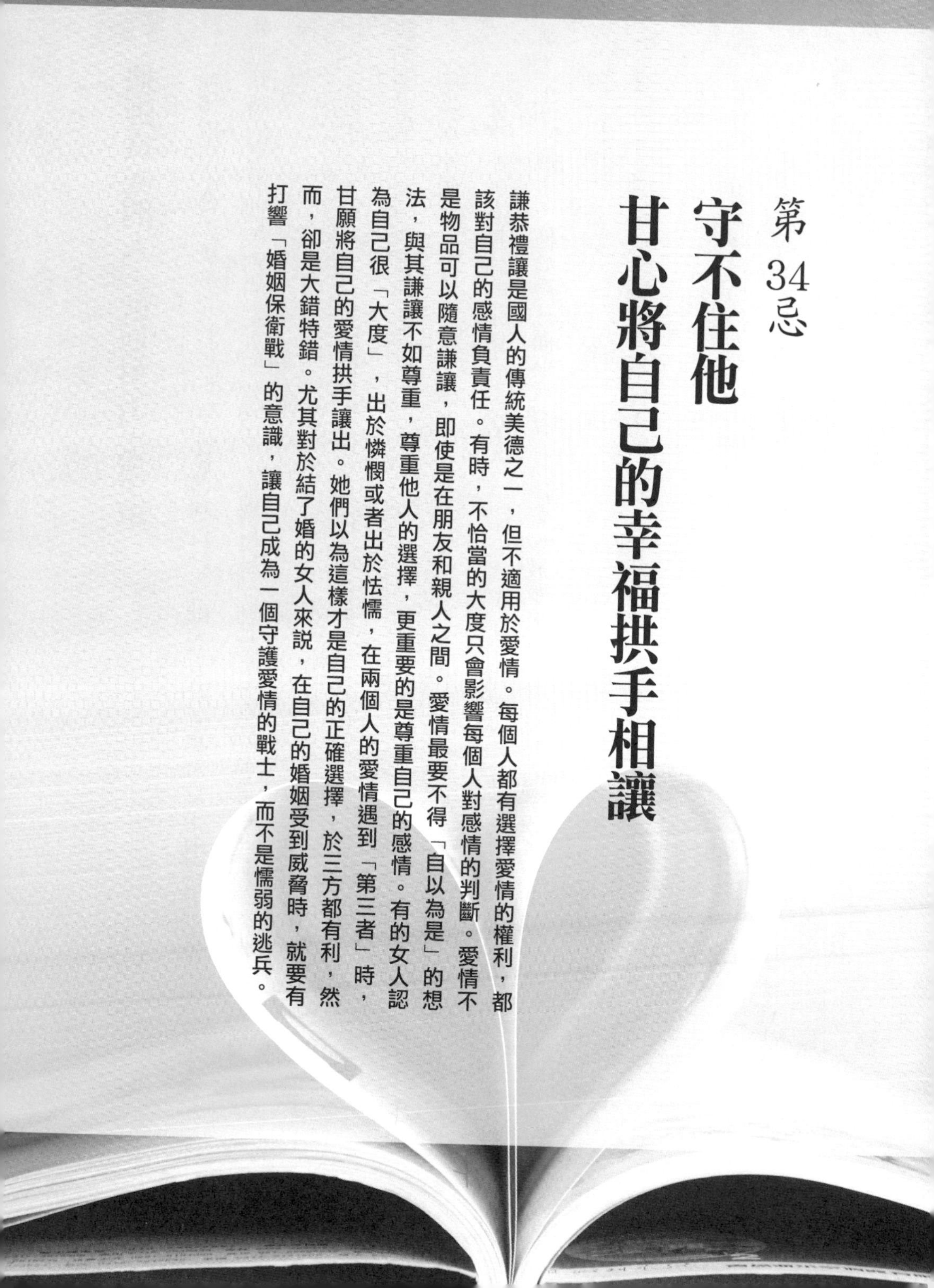

第34忌 守不住他

甘心將自己的幸福拱手相讓

謙恭禮讓是國人的傳統美德之一，但不適用於愛情。每個人都有選擇愛情的權利，都該對自己的感情負責任。有時，不恰當的大度只會影響每個人對感情的判斷。愛情不是物品可以隨意謙讓，即使是在朋友和親人之間。愛情最要不得「自以為是」的想法，與其謙讓不如尊重，尊重他人的選擇，更重要的是尊重自己的感情。有的女人認為自己很「大度」，出於憐憫或者出於怯懦，在兩個人的愛情遇到「第三者」時，甘願將自己的愛情拱手讓出。她們以為這樣才是自己的正確選擇，於三方都有利，然而，卻是大錯特錯。尤其對於結了婚的女人來說，在自己的婚姻受到威脅時，就要有打響「婚姻保衛戰」的意識，讓自己成為一個守護愛情的戰士，而不是懦弱的逃兵。

遇到真愛的人，就要努力去爭取

在愛情中，女人大多是矜持的。即使遇到自己喜歡的人時，也常常不敢採取主動攻勢。最後只能眼睜睜的看著他被別的女人「佔領」，而自己則躲在角落裡舔舐傷口，最後強迫自己將對方忘掉。

有句話說，世界上只有兩種可以稱之爲浪漫的情感，一種叫相濡以沫，另一種叫相忘於江湖。我們要做的，是爭取和最愛的人相濡以沫，和不再愛的人相忘於江湖。

有些女人充分發揚後半句話的精神，將自己的放棄化成一種浪漫，以此來安慰自己受傷的心。但實際上，這句話的正確含義應該爲，當妳愛的人不愛妳時，放棄他、祝福他、與他相忘於江湖，才可稱得上一種浪漫。而還沒努力就放棄，最多只是一種自卑的懦弱，絕非浪漫。

因此，即使是女人，也要在遇到合適的他時主動出擊，哪怕結果失敗了，至少自己沒有留下遺憾。得到了一個明確的結果，不會永遠活在「他到底愛不愛我」的疑問中。同時，也爲自己結束了暗戀的痛苦，開啓了一段尋找新幸福的旅程。而如果結局是令人歡喜的，那當然就更說明這份努力是十分値得的。

婉君暗戀鄰居嘉華，但她知道嘉華屬於不輕易對女人表示興趣的男人。於是，婉君設法接近嘉華的朋友，透過各種方式瞭解他的愛好，當然還包括喜歡什麼樣的女性。

不久，滿載而歸的婉君開始按照嘉華的愛好「武裝」自己：比如知道嘉華喜歡喝茶，她便惡補有關茶的知識；知道嘉華喜歡穿韓版服裝，她也爲自己的衣櫃中購買了幾套……當然，這些並沒有影響到她的正常工作和交往。

一個週末的黃昏，湖邊散步的婉君「碰巧」遇到正在鍛鍊的嘉華，她友好地打了一個招呼後，遞給他兩張下週末的電影票：「我們公司發的，送給你。我可能沒有時間，如果你不嫌棄，可以約你的朋友一起去。」因爲她知道嘉華喜歡看電影，而那兩張票恰好是當年一部大片的首次放映，這個好機會，他不會放過。

嘉華並非草木，豈能不知其中深意？再說，他也早對婉君傾心，只不過害怕遭到拒絕，不敢明確表示而已。他請婉君一起吃了晚飯，並委婉地表示，自己很想看這場電影，希望婉君能提前安排一下工作，到時候兩人一起去。

很快，兩人成爲戀人，彼此非常鍾情於對方。

就像每個男人都有心目中的「女神」一樣，每個女人也都有自己的夢中王子，但如果妳不敢表示，或許對方根本對妳一無所知，那妳只能將這份愛埋在心底了。

所以，有智慧的女人會懂得如何利用自己的優勢吸引心儀的男人，爭取將夢想的愛情抓到手中。

即使失敗，但畢竟努力爭取過，也可說此生無憾了。

守住愛情堡壘，不要拱手相讓

愛情是自私的，遇到了喜歡的，就要像動物「圈地」一般，牢牢看緊自己的地盤。然而生活中總有這樣的女孩，她們明明遇到了喜歡的人，卻爲了成全自己的朋友或親人而甘心退出這份感情，將自己的愛情拱手讓人。

雖然她們這樣做的初衷是好的，但卻沒想到，自己「無私奉獻」卻失掉原本屬於自己的幸福。

田田和惠君是大學的同班同學，也是好朋友。然而兩人的個性正好相反，田田外向，惠君內向。所以，田田總覺得惠君需要自己的保護。

上大學二年級的時候，田田與美術系的一名叫君凱的男生戀愛了。對於這種「頭條新聞」田田是不會瞞著惠君的。

由於個性相投，田田和君凱的感情發展很快，兩人也都覺得很快樂。愛說愛笑的君凱有一個特點，從不將自己的任何畫作送給別人。然而，在田田生日前夕，他主動爲她畫了一幅畫——後來這幅畫在學校的畫展上獲大獎——雖然田田對畫畫一竅不通。

由於田田的關係，君凱和惠君也成了朋友。不久，田田發現，從來不善言辭的惠君每當遇到君凱的時候，總會臉紅，而且話也相對多起來。經過多次觀察後，田田確定，惠君也愛上了君凱。而她的猜測在惠君那裡得到了證實。

田田很痛苦，自己的好朋友愛上了自己的男友，這讓她夾在中間不知如何是好。她知道，惠君是那種不輕易動感情的女孩子，而且，惠君長期生活在單親家庭，她不想讓這個可憐的女孩因爲自己再受傷害。

在惠君生日那天，田田以君凱的名義將那幅畫轉送給了她，惠君興奮異常。而君凱知道這件事之後，眼中閃過一絲憂鬱。

從此，田田主動退出了這場戀愛，並在君凱面前有意裝出無所謂的樣子——她想成全她的朋友。但田田不知道，畢業後，因爲工作的原因，惠君隨媽媽去了外地，而君凱也回到了自己的家鄉。

三年後，依然單身的田田偶然接到了惠君的電話，惠君告訴她，自己當初只是一廂情願而已，其實君凱愛的還是田田，他送田田的那幅畫，在隱藏的地方刻了她的名字，只是不愛畫的她沒有看出來。

田田這才明白，她用自己的無所謂傷害了自己和君凱。

故事中的田田其實沒有明白，即使和女朋友再要好，也不可以轉讓本屬於自己的愛情。這是對自己和妳愛的那個人的不尊重。

另外，對於結了婚的女人來說，守住自己的幸福就更爲重要，因爲那不僅僅是挽留了丈夫的心，更是守住了一個完整的家。

玉潔今年二十八歲，和老公立斌結婚已經五年了，且兩人有了一個可愛的女兒。在這五年中，玉潔和立斌一直相處甚好，就連有了孩子之後，兩人的感情依然有增無減，讓旁人十分羡慕。

但是最近，玉潔有了一個苦惱。半年前，立斌由於工作出色，從分公司調到了總部，職位和薪水都有所提高。

這本來是件好事，可是玉潔發現，老公回家後，開始喜歡和玉潔討論公司的同事，一個叫雯蝶的女人，出現的頻率很高。談起她時，老公甚至有些眉飛色舞。玉潔靠女人的直覺感受到，老公心裡對雯蝶產生了不一樣的情愫。但聰明的玉潔並沒有挑明，她知道一旦把事情挑開了，老公就會更無所畏懼。

相反的，玉潔對老公更好了，每天下班後，都早早回家，給老公做一頓豐盛的晚餐，而且從來不盤問老公晚歸的原因，也從來不抱怨什麼。總之，就是溫柔地對待老公。

慢慢地，玉潔發現老公對自己的態度也有所轉變，以前偶爾會因爲瑣事吵架，現在卻事事都讓著玉潔，還總給她買些小禮物回來。

又過了一陣子，立斌連續一週晚歸，雖然玉潔沒有盤問，可是立斌自己都有些不好意思，主動向玉潔解釋說，有個女同事病倒了，大家約好一起照顧她。

玉潔心裡很明白，老公說的那個女同事就是雯蝶。玉潔表現得很大方，主動提出第二天和老公一起去看望雯蝶，還找了個冠冕堂皇的理由：立斌要在總公司好好發展下去，當然要和所有的主管、同事都打好關係。立斌見阻攔不住，就帶著玉潔去了。

在雯蝶家裡，玉潔絲毫沒有表現出不悅，反而握著雯蝶的手問長問短，關照她要多休息。雯蝶的臉上紅一陣白一陣，立斌也不停地冒汗。

在玉潔從雯蝶家中回來之後，她發現老公又開始按時回家了，而且原本躲躲藏藏的手機，現在也毫不顧忌地扔在玉潔面前了。玉潔知道，在這場婚姻保衛戰中，自己勝利了。

玉潔是一個聰明的女人，也是一個大度的女人。在現實生活中，這樣的事情並不少見，但很少有女人能夠處理得像玉潔一樣出色。

雖然這樣做，看起來玉潔受了些委屈，但她的戰果卻是最大的。比起那些明明不想離婚，還要把事情鬧大來出氣、最後成全了老公和別的女人的做法，玉潔有智慧多了。

不要為了成全他的美好前程而離開

在很多愛情故事中，不難見到這樣的情節：一個女子爲了成全愛人的美好前程而選擇離開他。誠然，這種爲愛犧牲的精神令人感動，然而，這卻是一種錯誤的邏輯。

愛一個人，眞的就應該爲了他的前途而離開他嗎？一個人的成功，應該憑藉自己的努力得來，如果靠了別人的犧牲或幫助，那便失去了成功的意義。而在他未成功之前，妳不可輕易斷定自己的存在一定會斷送他的前程。

如果妳確定他已經不再愛妳，那麼，妳離開他是正確的。如果不能確定，妳只是自以爲是地認爲「爲了他的前程」而離開，卻沒有給他一個選擇的機會，其實，妳表現出的是對他的不信任。妳自以爲的成全，很可能會毀了一段愛情，給雙方造成難言的痛苦。

相愛，又能夠相守，就該好好珍惜，不要被小小的理由或挫折打倒。不要用「爲他好」的理由來表現自己的偉大，也許那根本不是他需要的，也許妳的決定反而傷害了他。因此，妳應該明白：爲了愛，妳可以勇敢、可以堅強，卻不能爲一些所謂的理由而離開妳愛的那個人。

愛情小心機

愛情是神聖的，也是自私的，自私到只容得下相愛的兩個人。愛情不是物品，所以無論出於何種原因，只要妳確定自己的男友或者老公是愛妳的，那麼就不要把愛情輕易轉讓。一味放棄，不僅表現了自己的懦弱，更會失掉原本屬於自己的幸福。

第35忌

嫉妒心重，無端猜疑

天下十個女人幾乎十個都是醋罈子。當女人看見自己的男人和別的女人在一起時，多多少少都會有不悅的感覺。為此，女人經常和男人展開家庭大戰。但是客觀來說，每個人都有自己的異性朋友，雖然有人說「男女之間沒有純潔的友誼」，但誰也不能阻攔誰交異性朋友。所以，女人如何對待愛人的異性朋友，確實是夫妻之間需要正確處理的問題。處理不好，很容易引起家庭風波。有的女人一見到自己的愛人和別的女人接觸，就會醋意大發，或者懷疑對方有「外心」，於是對愛人看管甚嚴，不允許他和別的女人接觸。這樣必然傷害愛人的自尊心，傷害彼此的感情，從而導致家庭不和、夫妻反目。其實，這是女人氣量狹小、不信任自己愛人的表現。

夫妻之間要互愛、互信，不信任對方也就談不上真正的愛。因此，女人要寬容、大度，既然愛他，就要信任他。

懷疑是謀殺幸福的武器

歌手劉若英和黃立行有一首合唱歌曲叫做《分開旅行》。為什麼相愛的兩個人要分開旅行呢？其中有句歌詞叫做：「懷疑啊，是可怕的武器，謀殺了愛情。」想必是兩人之間不斷的猜疑，讓彼此的關係到了一個緊張的地步，只有放鬆彼此、獨自進行一場旅行，方能讓雙方冷靜下來，有一個理智思考的空間。這首歌反映了一個很常見的現象，在愛情中的兩個人，多少都會有吃醋、嫉妒的情緒，看到自己愛的人和其他異性在一起時，難免心中不滿。甚至有時候沒有看到，只憑自己主觀臆想，懷疑對方正在和別的異性約會。這是一種嚴重的不安全感。而這種不安全感，則更多地表現在女人身上。女人天生敏感，但有時就是由於過分敏感，總會無中生有地「捏造」一些「外遇」來誤會對方、激怒自己。有人說：婚姻就像一桌酒席，愛是主食，寬容、理解、信任、尊重就是一道道菜，欣賞、幽默、趣味就是酒和飲料，只有同時具備上述幾種物品的酒席，才算得上完美無缺的酒席。而嫉妒、猜疑就像是一塊臭肉，會破壞整個精美的宴席。

寬容，說白了就是理解。一個女人要心懷寬大，不要無端猜疑，這是對愛人自尊心的一種尊重。而女人對男人內心深處的寬容，為男人提供一個相對自由和寬鬆的空間，會讓男人對妳珍愛一生。而猜疑和嫉妒，則正像歌中唱的，會謀殺了原本完整的幸福生活。

天宇和黛黛是同一公司的職員，剛成家的時候，兩人之間充滿了關愛和信任。後來，天宇升了職，工作也就越來越忙，經常加班到很晚才回家。

剛開始兩個人還能在家裡愉快地進行交流，但隨著天宇不斷的早出晚歸，愉快的交流不斷減少。黛黛慢慢有了一些想法：天宇周圍那麼多漂亮女孩，個個都比自己年輕漂亮，天宇每天晚歸，是不是不再愛自己了……

黛黛越想越不放心，每次天宇晚歸，她總是頻繁地打電話找天宇，不管天宇是在開會，還是在接待客户，黛黛總是時刻想知道天宇在幹什麼，和誰在一起，什麼時候回家……黛黛總是不斷地猜疑：是不是天宇假借加班或忙著工作另尋新歡，在外約會偷情去了……

每當天宇拖著疲憊的身體回到家裡，黛黛不是搜著天宇的口袋，就是聞天宇身上有沒有別的女人的味道，還不時地盤問到底去了哪裡，是不是有了情人……天宇越說沒有，黛黛越是懷疑。甚至，黛黛曾多次向同事打聽自己的愛人和公司裡的哪位女人關係不錯，是不是有了外遇。

隨著時間的流逝，黛黛的疑心也在不斷地增長，兩個人的內心也產生了巨大的隔閡。彼此之間的關愛和信任沒有了，代之以無休止的爭吵。最後，天宇無法忍受黛黛的無端懷疑和無理取鬧，痛苦地選擇了分手。

離婚後，天宇從黛黛的朋友那裡得知，其實黛黛一直深愛著他，也許就是因爲錯位了的愛，才產生了很多莫名其妙的不信任。但黛黛卻沒想到，對自己所愛的人，因爲那些不信任的舉動，給對方造成了巨大的傷害，導致了最後的分手。

有人說：戀愛時睜大眼睛，看清對方的優缺點；結婚後睜一隻眼閉一隻眼，只要不是什麼原則性問題，一般情況多看到長處，容忍缺點。

女人，別把男人看得太緊了，給他一片自由的天空吧，這樣，妳得到的也許會更多！

管得越緊，越容易出事

「哪裡有壓迫，哪裡就有反抗。」愛情中也是如此。每個人都有自主的需求，誰也不願意做被人控制的傀儡，一旦別人越俎代庖，代替自己做出選擇，並將這種選擇強加於自己時，就會產生一種心理上的抗拒。而這種反抗，在男人身上表現得更爲突出。

身爲女人，最糟糕的是不斷猜疑、嫉妒，直到自己親手把心愛的男人「推」出門去，自己卻還渾然不知，只是一個勁地在那裡向別人「痛訴」男人的種種「不是」。相反，女人如果給予男人充分的理解和信任，既是對男人人格的尊重，也給男人一個良好的心境，這才是對男人眞正的靈魂的關懷和情感的「免疫」。

盈盈和老公結婚半年了。本來，盈盈是一個開朗大方的女孩，很少懷疑老公會對自己不忠。但最近，她不知從哪裡聽了很多「男人結婚就變壞」、「天下沒有一個好男人」……等等言論，越看自己的老公，就越覺得有「出軌」的苗頭。於是，盈盈對老公的盤問漸漸多了起來。

開始時，老公比較忙，大部分時間都在外面，他覺得妻子對自己多關心一點也是比較正常的，說明妻子在意自己。但後來，盈盈的表現讓老公覺得哭笑不得。一天半夜，盈盈的老公起來上廁所，發現妻子不在旁邊。他好奇地走到客廳，發現妻子正在門廳翻自己的衣服口袋，不時還嗅兩下。他心中立刻有些不悅，似乎自己做了虧心事，還要接受她的調查。

接著，更不可思議的事情發生了。只要盈盈老公的電話一響起，盈盈就跳起來搶著去看。如果是簡訊，那她必須要親自打開查驗；如果是陌生號碼來電，必須要求老公打開免持聽筒。更離譜的是，盈盈每天晚上都會核對檢查老公的手機通訊錄，不僅看有沒有新的聯繫人，還會查看裡面的電話和人名是否相符。她的理由是，電視上講很多男人會把情人的電話編輯成男性朋友的名字，以躲過老婆的檢查……

聽著妻子這一套套的「理論」，盈盈的老公知道，她已經不是原來那個可愛、有自信的女孩子了。

讓盈盈意想不到的是，原本自己檢查後毫無疑點的老公，不久，真的和另外一個女人發生了婚外情。

盈盈的老公之所以「出軌」，不得不說盈盈需要承擔一部分責任。如果不是盈盈這樣「咄咄相逼」，盈盈的老公至少不會在這麼短的時間內就培養了自己的「紅顏知己」。

由此可見，女人要對老公有一定的信任度，在沒有可疑的事情發生時，需要的是給老公的信任，而不是無端的猜疑。寬鬆的家庭環境，才能讓男人更加感覺到溫暖。

看住他要使「巧勁」

男女相愛結成夫妻，雙方的朋友就成了一家之客。因此，愛人的異性朋友也同樣是自己的朋友，應該熱情相待，友好相處。男人的花心和女人的敏感多是造成女人對男人的異性朋友排斥的主要原因，然而，其中也不難看出女人不自信的因素。所以，如果確信老公人品沒有問題，女人大可不必處處提防，動不動就吃醋。理智的做法是，既然明知自己不能阻止他有異性朋友，就要對他的異性朋友盡量禮貌相待，熱情周到。這樣給足老公面子的妻子，又怎能令他生厭？溫柔是女人特有的「武器」，巧妙地運用以柔克剛的方式，能加深夫妻間的信任，深化兩人的感情。

況且，他的異性朋友也是女人，女人之間總有很多共同的話題。如果她不是蓄意要破壞你們的感情，做爲妻子的妳，與她處好關係，既能在他的朋友圈中爲他樹立好形象，說不定還能爲自己贏得幾個朋友，於人於己都有益處，何樂不爲？一般而言，女人若是能夠寬容地對待男人，在非原則問題上，偶爾「糊塗」一些，收穫的往往會是意想不到的溫馨與甜蜜；若是恰恰相反，輕則「內戰」不止，重則「勞燕分飛」，這恐怕也背離了女人保護自己的愛情和婚姻的初衷。

愛情小心機

如果女人總對男人產生壞的想法，那麼男人很可能會這樣思考問題：既然已經被定性為壞人，那麼不做白不做。果真這樣，女人就是被自己絆了個大跟斗。

第36忌

水性楊花
經常涉足交際場所

女人最忌諱的就是被扣上「水性楊花」的帽子，然而，卻有很多女人在婚後忍不住「紅杏出牆」。更有些女人，婚前風流成性，婚後依然改不掉這個毛病，頻繁出入交際場所，和各種男人逢場作戲。最後事情敗露，毀掉整個家庭的幸福。

婚姻生活是比較乏味的，尤其是常年柴米油鹽的日子。但是，這並不能成為女人「風流」的藉口，因為已為人妻，就要擔負一定的責任，履行一定的義務。況且，專一的婚姻生活中會產生很多幸福的感受，是「水性楊花」的女人無法體會到的。

交際場所頻頻現身，難免變「交際花」

現代生活十分豐富，尤其在大城市中，燈紅酒綠整日無眠的日子很稀鬆平常。有些女人在婚前就經常涉足這些場所，和各種男人逢場作戲，尋求一時的刺激和快樂。這本來就是一種不健康的行爲。而有些女人甚至在婚後也沒有戒掉這種「癮」，反而因爲婚後的平淡生活，而更加激起了尋求這種「刺激」的慾望。於是，就開始背著丈夫「重回江湖」，時間久了，就變成名副其實的「交際花」。

這種稱號一旦得到了，就不是那麼容易卸下的。每當女人到了交際場合，那種不雅的印象想掩蓋都難了。而變成交際花的女人，一旦被丈夫知曉，那麼一定會掀起一場家庭巨浪。

因爲沒有哪個男人能忍受妻子給自己戴綠帽子的。

一旦事情敗露，那麼多半是家庭破碎的下場。爲了自己一時的歡樂而失去完整的家庭，是多麼得不償失的一件事。

水性楊花的女人，不僅會給所有的親戚、朋友留下壞印象，被所有人所不齒，同時也會斷送自己的一生幸福。也許在風月場合中，男人會對這種女人表現得十分愛慕，但是一旦脫離燈紅酒綠的場所，相信沒有男人願意眞正和這樣的女人交往，更不會娶回家當老婆。

最嚴重的是，如果女人已經有孩子，那麼她在孩子心中的印象將永遠都是個污點。孩子不僅會以自己的母親為恥，還會痛恨母親，甚至與她斷交。

因此，奉勸喜歡涉足交際場所、尋求刺激的女人，最好先考慮一下後果，然後再做決定。

太招搖的女人會讓男人也變得拈花惹草

有句成語叫做「以其人之道還治其人之身」，意思大家都很明白，就是說妳怎樣對待別人，別人就怎樣來報復妳。

已經紅杏出牆的女人，或者有過這種想法的女人，建議要將這個成語印在自己腦子裡，每次管不住自己時，就試想一下，如果老公也以同樣的方式對待自己，自己是否能接受？如果答案是否定的，那麼就一定要管住自己的腿，不要邁向不該去的地方。

女人常說男人大多花心，家裡有一個，還常在外面拈花惹草。

但這個世界上好男人總是有的。假如妳遇到了一個原本一輩子都不會出軌的男人，而自己卻率先踏進了「地雷區」，那麼妳的老公出軌的機率將會大大增加。那麼到時候就會形成這樣的局面：女人有自己的「交際圈」，男人有自己的「紅顏知己」，家裡準是雞犬不寧。而這種婚姻最後的結果，大多逃不開支離破碎。

有這樣一部電影，講的就是有關女人出軌的家庭故事：

一個老實的男人，娶了一個漂亮女人，兩個人開了一間小店做生意。由於老闆娘比較漂亮，附近很多男人都喜歡光臨他們的店。

而每次有男人進店時，老闆娘都會笑臉如花、扭著腰前去接待，有時甚至有意無意地和男顧客發生一些身體接觸，或者拋個媚眼。

老闆娘越是這樣，一些「色膽包天」的男顧客就越是喜歡來。老實男人看到這樣的場景，卻只是傻笑，他只單純地覺得自己的老婆受大家歡迎。

但過了沒多久，老實男人就不這樣想了。

有一天，老闆娘藉口出去逛街，就離開了店裡。老實男人在店裡應付著生意，突然來了檢查安全的員警，要求男人出示房屋租賃合約。

男人沒辦法，只好先將店門鎖了，回家去拿。誰知剛進屋，就聽見臥室裡有笑聲。他悄悄推開門，看到了不堪入目的一幕——自己的

妻子正摟著店裡一位常客在親熱。男人氣急敗壞，摔門走掉了。

晚上回到家，女人擺出一副十分悔恨的樣子，哭哭啼啼求男人原諒，並說自己以後再也不會犯了。

男人沉默地抽菸，最後只點了點頭。

這之後，女人似乎真的安分了很多。但是在幾個月後，女人竟在浴室發現了一同在洗澡的老公和妹妹。

生活不檢點的女人，是沒有權利要求男人對自己忠貞的。若不想見到同樣的事情發生在自己老公身上，就要先讓自己守規矩，做一個稱職的妻子。

婚後，女人的生活重心要回歸家庭

結婚後，女人就是人妻；有了孩子後，女人就變成人母。更何況，女人從進門那天起，就已經是人家的兒媳婦，要盡到做晚輩的責任、做妻子的責任、做母親的責任。

女人首要任務，就是相夫教子、服侍老人。這說起來簡單的三件事，要做好就不那麼簡單了，足以佔去女人所有的時間。

因此，如果女人不上班，那麼就應該多待在家中，打理好家裡的一切。

只有這樣，男人在外面才能更放心、工作起來更有動力。

試想，如果男人勞累了一天，回家後是冰冷、空蕩、亂七八糟的家，那麼賺再多的錢，男人也不會開心，這個家也永遠不會溫暖、幸福。

愛情小心機

這世界上漂亮的鮮花是採不完的，水性楊花的女人堅決要改掉見一個「愛」一個的作風。要知道，一旦被冠上「交際花」的名號，這輩子基本上就和幸福永別了。文學作品中，幾乎每個在交際場所的女人，最終都在別人異樣的眼光中以孤獨終老。所以，女人要引以為戒，守住一份永恆、平淡的幸福。

國家圖書館出版品預行編目資料

有心機不如懂心忌：女人婚戀36忌／廖唯真著.
－－第一版－－臺北市：知青頻道出版；
紅螞蟻圖書發行，2013.1
面 ； 公分－－(Focus；18)
ISBN 978-986-6030-54-3（平裝）

1.女性 2.生活指導

544.5　　　　101024781

Focus 18

有心機不如懂心忌：女人婚戀36忌

作　　者／廖唯真
美術構成／Chris' office
校　　對／周英嬌、楊安妮
發 行 人／賴秀珍
總 編 輯／何南輝
出　　版／知青頻道出版有限公司
發　　行／紅螞蟻圖書有限公司
地　　址／台北市內湖區舊宗路二段121巷19號（紅螞蟻資訊大樓）
網　　站／www.e-redant.com
郵撥帳號／1604621-1　紅螞蟻圖書有限公司
電　　話／(02)2795-3656（代表號）
傳　　真／(02)2795-4100
登 記 證／局版北市業字第796號
法律顧問／許晏賓律師
印 刷 廠／卡樂彩色製版印刷有限公司
出版日期／2013年 1月　第一版第一刷

定價 280 元　港幣 93 元

ISBN 978-986-6030-54-3　　Printed in Taiwan